KB203924

슬리핑
크리스천

SLEEPING CHRISTIAN, AWAKE! BE FILLED WITH THE SPIRIT, AND BEAR FRUITS OF THE SPIRIT!

최은희 지음

영적 잠에서 깨어 성령 충만하라

슬리핑 크리스천

TnD북스

들어가며

밥을 먹고 배가 부르긴 한데 뭔가 만족이 되질 않아서 이것 저것 먹어봅니다. 하지만 먹으면 먹을수록 배만 부르게 되고 입맛은 여전히 불만족이어서, "차라리 먹지 말 걸" 하며 후회할 때가 있습니다.

입맛의 만족을 위해서 무작정 먹다가 후회해본 경험을 누구나 한 번쯤 해보았듯이, 이렇게 저렇게 신앙생활을 열심히 하긴 하는데 즐거움과 기쁨이 없고 뭔가 만족되지 않는 경험을 우리는 해보았습니다.

성령 충만하기를 원치 않는 성도는 아무도 없습니다. 그런데 문자적으로나 의미적으로 성령 충만을 알긴 하지만, 구체적으로 충만의 내용이 무엇인지, 성령 충만한 결과 나에게 어

떤 변화가 일어나는지, 어떻게 해야 성령 충만해질 수 있는지, 구체적인 답은 찾지 못할 때가 많습니다.

가령 예쁘게 포장된 선물을 받고서 기분 좋게 리본과 포장지를 풀었는데, 뚜껑이 열리지 않아 그 안에 무엇이 있는지 모르는 것과 같습니다. 성령 충만의 내용으로 우리가 들어가 보지 못하는 것입니다.

이 책을 통해 그 답이 "영적인 잠에서 깨어 성령의 열매를 소유하는 것"임을 여러분과 함께 알아가고자 합니다. 만져보지도 먹어보지도 못한 채 성령 충만이라는 말만 가지고 얻으려 하는 것이 아니라, 우리가 눈으로 보고 만지고 먹어볼 수 있는 성령 충만의 열매를 가지고, 이 아홉 가지 열매가 나의 일상생활 속에서 살아 움직이는 즐거움을 맛보고자 합니다.

성령 충만으로 들어가는 첫 증거는 기쁨과 즐거움입니다. 나의 일상과 모든 형편은 별로 달라진 것 없이 비슷하지만 생활이 즐거워지고 마음에 기쁨이 찾아옵니다. 똑같은 상황에서 이전에는 짜증과 걱정과 낙심, 좌절로 연관되던 삶이, 이제는 즐겁고 기쁘고 결국은 좋은 것으로 결론지어질 것이라는 기대감에 차오르게 됩니다. 성령 충만의 길로 들어가는 사람에게 오는 첫 신호입니다.

육체의 욕망이 우리를 압도할 때 그 욕망이 원하는 만족을 쫓아가더라도 우리는 결코 그 만족을 만날 수 없습니다. 사람과의 관계가 부담스럽고, 해결되지 않는 일로 인해 불안하고

좌절하고, 분주한 일상으로 짜증나고, 계획했던 일들을 포기해버리고, 또 그것들을 남들에게 감추려고 안 그런 척하다가, 결국은 영적인 잠으로 잠수를 타버립니다.

영적인 잠을 잘 때나 성령 충만할 때나 신실하신 하나님은 변함없이 사랑으로 우리 삶을 주관하십니다. 그러므로 비록 깊은 물속 어두운 영적 잠에 빠져 있을지라도 신실하신 하나님의 사랑을 신뢰한다면, 고난은 나의 기도제목으로 변하고 나에게는 자족의 기쁨과 평강이 찾아오게 됩니다(빌 4:11).

성령이 충만하여지면 어둡고 추운 그 잠수 상태에서 밝고 따뜻한 물 위로 나오게 됩니다. 기쁘고 즐거워지며 근심과 짜증의 자리에 감사의 멜로디가 흐르게 됩니다. 하나님이 나를 향하여 하실 일들을 기대하게 됩니다. 결과에 상관없이 나의 삶은 흥미진진해집니다. 그리고 나의 영혼을 향하여 "잠잠히 하나님만 바라라 나의 소망이 하나님께로부터 나오지 않느냐!"고 말할 수 있게 됩니다(시 62:5).

앞에는 홍해 바다요 뒤에는 애굽 군사들의 추격인 위급한 상황에서, 죽음의 공포에 눌려 애굽으로 다시 돌아가자는 이스라엘 백성을 향하여 "너희는 두려워하지 말고 가만히 서서 여호와께서 오늘 너희를 위하여 행하시는 구원을 보라!"고 담대히 명령한 모세의 믿음을 우리도 가질 수 있습니다.

성령 충만해지는 시작은 영적인 잠에서 깨어나는 것입니다. 그리고 잠자는 영혼을 깨워야만 나와 동행하시는 성령님과 함

께 역동적인 삶의 현장을 즐거움으로 걸어갈 수 있습니다.

이제 저와 여러분이 함께 하나님을 신뢰하며, 이 깊은 영적 잠에서 깨어 성령 충만하기를 기도합니다.

SLEEPING

CHRISTIAN

2장 성령 충만

AWAKE!

3장 성령의 열매

에베소서 5장 10-18절

¹⁰주를 기쁘시게 할 것이 무엇인가 시험하여 보라 ¹¹너희는 열매 없는 어둠의 일에 참여하지 말고 도리어 책망하라 ¹²그들이 은밀히 행하는 것들은 말하기도 부끄러운 것들이라 ¹³그러나 책망을 받는 모든 것은 빛으로 말미암아 드러나나니 드러나는 것마다 빛이니라 ¹⁴그러므로 이르시기를 잠자는 자여 깨어서 죽은 자들 가운데서 일어나라 그리스도께서 너에게 비추이시리라 하셨느니라 ¹⁵그런즉 너희가 어떻게 행할지를 자세히 주의하여 지혜 없는 자같이 하지 말고 오직 지혜 있는 자같이 하여 ¹⁶세월을 아끼라 때가 악하니라 ¹⁷그러므로 어리석은 자가 되지 말고 오직 주의 뜻이 무엇인가 이해하라 ¹⁸술 취하지 말라 이는 방탕한 것이니 오직 성령으로 충만함을 받으라.

1장
잠자는 자

SLEEPING CHRISTIAN
A W A K E !

"잠자는 자여 깨어서 죽은 자들 가운데서 일어나라 … 오직 성령으로 충만함을 받으라"(엡 5:14, 18).

잠자는 자는 지금 어디에서 자고 있습니까? 죽은 자들 사이에서 죽은 자처럼 누워 자고 있습니다. 죽은 자들은 실제로 죽었기 때문에 누워 있지만, 죽지도 않은 자가 죽은 자들 사이에서 죽은 자처럼 누워 있으니, 이것이 바로 영적인 잠을 자는 것이라고 가르칩니다.

에베소서 5장 14절은 성령 충만을 받기 전에 먼저 잠에서 깨어나라고 합니다. 그리고 그 깨어남은 죽은 자들 가운데서 일어나는 것이라고 설명합니다.

"잠에서 깨어나라."

"죽은 자들 사이에서 깨어 일어나서 나와라."

SLEEPING

1. Are you sleeping?

지금 내가 잠자고 있는지 아닌지를 알아보기 위해서 가장 먼저 해야 할 것은 "구원의 확신과 감격이 나에게 있는가?"를 묻는 것입니다.

하나님의 은혜로 죄 용서와 새 생명을 받고 거듭난 사람은 그 마음이 과거로부터 180도 돌아서서 하나님을 향하게 됩니다. 하나님을 향한 신앙이 이제 그 마음을 주장하게 됩니다. "아! 나 같은 죄인이 예수의 보혈로 용서받고 구원을 받다니. 정말 감사하구나! 나는 이제부터 믿음을 가지고 새롭게 살아야하는 구나!" 하나님의 거듭나게 하심을 당한 자에게 당연히 일어나는 구원의 확신(회심)과 감격입니다.

우리는 날마다 이 구원의 확신을 되새기며 즐거워해야 합니다. 구원의 감격에 젖어 삶이 기쁘고 활기차야 합니다. 그런데 구원에 대한 확신이 있음에도 불구하고 구원의 감격은 잘 느끼지 못하여, 무덤덤한 마음으로 그냥 그렇게 예수를 믿으며 사는 사람들이 있습니다.

사람마다 차이가 있겠지만, 우리는 하나님의 사랑을 느끼며 구원의 감격에 대한 자기 나름의 성향을 나타냅니다. 어떤 사람은 예수를 처음 믿은 후 찬양만 불러도 눈물을 펑펑 쏟고, 어떤 사람은 예배당 의자에 앉기만 해도 가슴이 뭉클해지는 것을 경험합니다.

이 감격이 사실은 평생을 가야합니다. 평생을 살면서 구원의 감격이 점점 더 충만해져야 합니다. 그런데 일반적으로 우리의 신앙생활을 보면, 처음에는 감사와 감격에 차 있다가 시간이 지나면서 점점 그냥저냥 살게 됩니다. 구원의 감격으로 벅찬 시간을 담았던 마음은 잘 뒤적거리지 않는 앨범 속의 빛바랜 사진처럼 희미해져버립니다. 영적인 잠속으로 빠져들어 갑니다.

2. 빛바랜 구원의 감격

구원의 감격이 흐려지고 영적인 잠을 자는 상태에 빠진 사람은 신앙생활이 아닌 종교생활을 합니다. 그리고 오랜 시간 유지해온 종교생활 속에서 교리적으로는 빠삭합니다. 예를 들어서 "사람의 제일 된 목적이 무엇입니까?" 하고 소요리문답 제1문을 물으면 "하나님을 영화롭게 하고 영원토록 그를 즐거워하는 것입니다"라고 교리적으로는 착착 맞춥니다. 그러나 교리의 답을 말로 하긴 하지만, 그 교리의 가르침에 감격하거나 지배받지는 않습니다.

진정한 구원의 확신이 있는 자라면 받은 은혜로 인해 감동이 표출되어야 하며, 하나님의 말씀으로 인한 감격이 흘러나와야 합니다. 택하심을 받은 자에게 은혜로 베푸신 구원은 절대로 취소되지 않습니다. 그러므로 그냥 돌아가는 시계바늘처럼 아무런 느낌 없이 습관적으로 하는 종교생활에서 이제 벗어나야 합니다. "내가 거듭난 사람인데도 불구하고 그 동안 구원의 감격과 감동을 퇴색시키며 살았구나"하며 깨달아 하나님의 사랑에 다시 감격하고, 성령의 인치심을 되새기며 회복된 삶을 살아야 합니다.

3. 훈계의 말씀에 무뎌지다

"훈계 받기를 싫어하는 자는 자기의 영혼을 경히 여김이라 견책을 달게 받는 자는 지식을 얻느니라"(잠 15:32).

아이들을 훈육하듯이, 하나님의 말씀이 우리를 훈계합니다. 그런데 영적인 잠을 자는 사람에게는 훈계하는 하나님의 말씀이 이미 듣던 것이고 다 아는 것이 되어버렸습니다. 그래서 그 말씀에 아무런 자극도 받지 않으며 어떤 반응도 일으키지 않습니다. 말씀 듣는 일에는 내성이 생기고 듣는 귀에는 굳은살이 배어서 훈계 앞으로 나오는 것에 아주 게으릅니다.

처음에는 엄마가 매를 들기만 해도 무서웠습니다. 매를 맞아보질 않았을 땐 상상만 해도 너무 아파서 죽을 것만 같았습니다. 그래서 매만 들어도 아이는 나쁜 행동을 딱 멈춥니다. 그러다 매를 한 번 맞았는데 죽지 않았습니다. 아프긴 아프지만 견딜 만합니다. 다음에는 엄마가 매를 들어도 '흥! 뭐 한 번 맞고 말지'라며 뻗대게 됩니다.

이런 식으로 하나님의 훈계의 말씀을 한두 번씩 듣지 않고 하나님의 명령을 무시하다 보면 죄를 짓게 됩니다. 그랬더니 죄가 냠냠냠 먹기 좋고 쉬워집니다. 습관이 드는 거죠. 또한 죄의 습관적인 상태가 몸에 배어버리면 이런 상태에서 깨거나 변화되기를 싫어합니다. 영적으로 아주 어둡고 심각한 상태에 처하게 됩니다.

죄를 짓는 것도 나쁘지만 더 나쁜 것은 죄의 습관적인 상태가 나의 몸에 착 배어버리는 것입니다. 옷에 김칫국물이 떨어지자마자 후다닥 빨면 쉽게 빠지는데, '에이, 있다가 지우지 뭐'하고 미뤄두었다가 지우려하면 오래되면 될수록 잘 지워지지 않습니다.

이처럼 죄의 습관도 우리 몸에 깊이 배어버리면 잘 빠지지 않습니다. 왜냐하면 이 죄의 어두운 상태에서 깨어나기를 우리 스스로가 싫어하기 때문입니다. 훈계의 말씀은 어색하고 불편한데 죄의 습관은 오히려 몸에 익숙해져 편하다 보니 변화되지 않으려고 합니다. 죄의 특성입니다.

깨어나려고 마구 발버둥을 치는데도 안 깨어나는 것이 아니라, 내가 현재의 이 상태에서 벗어나기를 싫어하고 오히려 즐기게 됩니다. 그러면서 하나님 앞에서는 심통을 부립니다.

깨어나기를 싫어하면 할수록 나의 영은 점점 병들어갑니다. 자신이 죽어가는 줄도 모르고 그 안에서 잠을 잡니다. 죄의 습관이라는 영적 어둠에서 깨어나기를 싫어하는 사람에게는 하나님의 말씀, 훈계의 말씀을 듣고 깨어서 일어나야겠다는 순종의 마음이 없습니다. 아주 위험한 상태입니다.

이럴 때는 죄의 습성으로 병들어 있는 육을 쳐서 영에 복종시키는 수술을 해야 하는데, 이 결단이 쉽지 않습니다. 그래서 신앙생활에는 신앙 공동체가 참 중요합니다. 공동체(교회) 안에 묶여 있으면, 결단하도록 자극받는 계기나 필요한 도움을 서로서로 나눌 수 있습니다. 혼자서는 작심삼일로 끝나버릴 일이 성도들과 함께 라면 시작이 벌써 반으로 이뤄지는 힘을 받을 수 있습니다.

성도의 연합은 주님 안에서 선한 영향력을 미치는 아름다운 관계입니다. 손가락 하나가 상처가 나서 곪아버리면 다른 손가락들이 "에잇! 잘라버려. 다른 걸로 붙여!"라고 하지 않습니다. 어떻게 해서든 그 곪은 손가락을 고쳐보려고 온 몸이 함께 일을 합니다. 이렇듯 영적인 신앙 공동체, 즉 교회 안에 늘 붙어 있을 때 이런 일들이 해결됩니다. 서로 연결되고 결합되어 도움을 받으며, 각자의 분량대로 수고하며 사랑 안에서 세워지는 신앙의 공동체이기 때문입니다(엡 4:15-16).

교회는 예수 그리스도를 머리로 하는 성도의 연합체입니다. 그러므로 나의 삶에 위로와 힘을 주시는 생명의 근원 예수님께 붙어만 있으면 언젠가는 반드시 치유되고 변화됩니다. 포도가지는 영양 공급을 받아야만 열매를 맺을 수 있으니, 우리

는 포도나무이신 예수님께 착 붙어서 공급하시는 훈계의 말씀
과 위로의 말씀을 먹어야만 합니다(요 15:5).

4. 교만해지다

유교적 전통 문화의 배경을 갖고 있는 우리는 성경이 말하
는 교만과 겸손의 개념에 대해서 잘못 이해하는 경향이 있습
니다. 일반적으로 자신감에 넘쳐서 다른 사람에게 건방진 언
행을 하는 자를 교만하다고 하며, 그와 반대로 다른 사람보다
자신을 낮추고 배려하는 사람은 겸손하다고 합니다.

그러나 성경은 다르게 가르칩니다. 하나님이 살아계시다는
것은 들어서 알고 있으면서, 살아계시는 그 하나님 앞에 경외
감과 두려워함이 없는 자가 성경이 말하는 교만한 자입니다.
여기서 경외는 무서워서 벌벌 떠는 것과는 다릅니다. 위대하
신 창조주 하나님 앞에 지으심을 받은 피조물로서 그리고 거

룩하신 공의의 하나님 앞에 죄인으로서 마땅히 두려워할 수밖에 없는 것이 경외감입니다. 곧 하나님이 어떤 분이신지 바로 알고, 그 하나님께 합당한 반응을 보이는 것이 경외입니다. 그런데 그 경외함과 두려움이 없는 상태가 교만입니다.

신앙생활을 하기는 합니다. 겉으로 보아서는 종교생활의 요소들을 다 잘 갖추고 있습니다. 그러나 그의 내면을 보면 하나님이 기뻐하시지 않는 삶을 살고 있습니다. 하나님 말씀에 하지 말라는 것은 하고, 하나님이 하라는 것은 하지 않습니다. 그는 속마음을 아시는 하나님이 두려운 것이 아니라, 주변 사람이 자기 속을 알게 될까봐 사람들을 의식하고 더 두려워합니다. 하나님 앞에 교만한 자입니다.

성경이 가르치는 겸손은 무엇일까요? 하나님 앞에서 나의 나됨을 알고 시인하는 것, 나의 주제를 잘 파악하는 것입니다. 그래서 겸손의 반대인 교만은 하나님이 어떤 분이신지, 그 하나님 앞에 내가 어떤 존재인지 주제파악을 못하는 상태입니다. 이런 교만 때문에 영적인 잠에 빠진 사람은 말씀에 지배받지 않습니다. 한 귀로 듣기는 잘 듣는데 곧 다른 귀로 흘려버립니다. 전혀 요지부동입니다.

"나는 왜 제대로 된 신앙생활을 못하고 이 모양 이 꼴이지?" 하며 자기 허물을 자책하는 사람을 볼 때가 있습니다. 자기의 미련과 허물을 하나님 앞에서 곧잘 고백합니다. 그런데 생활에 별다른 변화없이 항상 제자리입니다. "난 원래 이런 사람이야. 어쩔 수 없어"라고 스스로에게 말하며, 그 상태에서 벗어나기를 싫어하기 때문입니다.

이들은 죄의 습관에 젖어 어두운 밤의 커튼을 스스로 드리우고 영적인 잠을 자면서도 깨어나기를 싫어합니다. 이런 모습은 반복된 좌절로 인해 포기하는 것과는 전혀 다릅니다. 하나님이 어떤 분이신지, 그 하나님이 나에게 어떻게 은혜를 베푸셨는지를 바로 알려고 하지 않고, 하나님의 도우심도 간구하지 않는 교만한 사람입니다. 하나님을 신뢰하지 못하기에 하나님의 간섭과 도우심을 받아들이지 못하는 교만입니다. 말씀은 말씀이고, 현실은 현실이라고 생각합니다. 생활 속에서는 하나님 말씀보다 다른 것이 훨씬 현실적으로 의지할만하고 도움이 된다고 판단합니다.

하나님의 말씀보다는 현실에 지배받는 생활로 강화된 교만한 사람은 점점 자신의 상태를 솔직히 드러내지 않게 됩니다. 점점 더 깊고 어두운 곳으로 영적인 잠을 자러 들어갑니다. 그러면 그럴수록 그의 마음은 평강에서 멀어집니다. 교만의 노를 저어가면 갈수록 불안과 짜증과 원망의 거친 파도에 휩쓸리게 됩니다.

어떻게 하면 될까요? 교만한 자아를 버리고 회개하며 겸손해지면 됩니다. 자신의 상태를 숨기지 말고 적나라하게 시인하며 결단하면 됩니다. 그럴 때 하나님이 그에게 은혜와 긍휼을 베푸십니다.

세상에서는 교만한 사람을 불쌍하다고 말하지 않고 오히려 꺼려합니다. 그러나 하나님의 사랑은 다릅니다. 비록 내가 교만한 죄의 습관에 젖어 하나님의 다스리심과 도우심을 거부했더라도, 하나님은 나를 여전히 사랑하십니다. 말할 수 없는 탄식으로 성령님이 순간순간 나의 회개를 위해 간구하십니다.

"이와 같이 성령도 우리의 연약함을 도우시나니 우리는 마땅히 기도할 바를 알지 못하나 오직 성령이 말할 수 없는 탄식으로 우리를 위하여 친히 간구하시느니라"(롬 8:26).

"나는 원래 이래. 어쩔 수 없어"라고 하며 성령의 말할 수 없는 탄식의 간구를 더 이상 거부하지 말아야 합니다. 어둠 속으로 숨어버리는 자가 아니라, 오물 구정물이 튀어 냄새나고 더럽더라도 그 추한 모습을 가지고 하나님 은혜의 보좌 앞으로 담대히 나아가면 됩니다. 부끄러운 것인데도 감추지 않고 주께 들고 나아와 엎드리는 겸손한 자를 하나님은 기쁘게 받으십니다. 자신을 감추느라 딱딱하게 굳어버린 교만한 마음을 통회함으로 부서뜨리는 자를 하나님은 기다리고 계십니다(시 51:17). 그에게 긍휼을 베푸시고 잠에서 깨도록, 변화되도록 돕는 은혜를 베푸십니다.

5. "신앙이 좋다?"

교회에서 맡은 바 본분을 다하고 전도도 하고 봉사로 수고하는 사람을 우리는 "신앙이 좋다"라고 합니다. 그는 교회에 충성합니다. 성경을 거의 압니다. 하나님이 기뻐하시지 않는 일은 하지 않고, 기뻐하시는 대로 살려고 수고하고 애씁니다. 교회와 복음의 일에 수고하고 열심을 냅니다. 그런데 그가 영적인 잠을 자는 사람일 수 있습니다.

열심은 좋은 것입니다. 그러나 내적으로 성령 충만하지 않음에도 불구하고 겉으로 열심을 다하는 것이 문제입니다. 성도의 할 바나 하나님 앞에 행할 바에 대해 말하는 것을 보면 모두 정답만 말합니다. 그래서 이들이 영적인 잠에서 깨어나는 것은 보통 어려운 일이 아닙니다.

이런 상태에서 잠에 빠진 사람은 본인에게 문제가 있다는 것을 대충 압니다. 그런데도 변화되기를 싫어합니다. 죄의 끈질긴 특성입니다.

사람들의 기준에 "신앙이 좋아 보이는 사람"은 자신이 이룬 현재의 상태를 유지하려는 미련 속에 머무릅니다. 마치 아기가 잠을 잘 때 그 공간에 있는 사람들은 잠자는 아기를 깨우지 않으려고 조심하여 살살 다니듯이, 자신을 영적인 잠에서 깨우지 않으려고 무진 애를 씁니다. 하나님이 중요한지는 알지만 하나님이 자기 삶의 전부는 아니기 때문입니다.

하나님이 내 삶의 전부라면, 성령의 불꽃이 사그라져가고 있는데 가만히 있을 수가 있을까요? 성령의 불꽃 말고도 다른 불꽃이 더 좋고, 더 따뜻하고, 더 예쁘고, 더 재밌고, 더 화려해보이자, 하나님의 불꽃이 살살살 꺼져가는데도 전혀 개의치 않습니다.

아예 교회를 나가지 않는다면 오히려 그 신앙의 문제가 더 빨리 결단 나버릴 텐데, 성령이 충만하지 않은 상태에서도 열심히 신앙생활을 유지해가다 보니, 그를 잠 속에 머무르게 합니다. 이렇게 되면 하나님에 관한 것에는 점점 무뎌지고 성도들과의 관계유지나 자기성취를 위한 신앙생활이 몸에 배어버

럽니다. 그래서 신앙생활과 예배는 기쁨이 아닌 부담이 되고, 삶에 평강이 없어집니다.

예배와 봉사가 부담스럽고 짜증나지만, 사람들과의 관계나 시선과 평판 때문에 어쩔 수 없이 예배에 참석하고 열심히 일하게 됩니다. 교회의 일이 무보수 희생을 강요받는 노동으로 변질되어 속으로 불만이 쌓이게 됩니다. 겉으로는 표현도 하지 못하는 참으로 고통스러운 잠입니다.

그러나 신실하신 사랑으로 오래 참으시는 하나님은 성령의 불꽃이 결코 꺼지지 않게 하십니다. 그를 잠든 채로 내버려두시지 않고 결단하여 변화되도록 그에게 어떤 사건들을 일으켜 주십니다. 그리고 이 사건들로 인해 그는 화가 나고, 두려워하고, 변명하고, 사모하고, 간절해집니다.

원치 않는 이 사건들이 바로 하나님의 뜻대로 하는 근심입니다. 후회할 것이 없는 자가 되게 하시기 위해서, 그리고 회개하는 복을 주시기 위해서 하나님은 그 사건들을 통해 마구 찌르며 괴롭게 하십니다(고후 7:10-11).

자기의 죄를 회개하고 버리는 자를 하나님이 불쌍히 여기시며 형통하게 하십니다(잠 28:13). 그리고 결국 잠에서 깨어 일어나게 하십니다.

6. 오호라 나는 곤고한 사람이로다

"나는 신앙생활이 아닌 종교생활을 하는 사람이에요. 나는 죄의 습관이 몸에 깊이 배어서 깨어나기 싫어하는 사람이에요. 나는 영적인 교만에 빠진 사람이에요. 나는 왜 이럴까요. 왜 깊은 신앙도 없고 부족하고 요 모양 요 꼴일까요. 도대체 나만 왜 이럴까요."

정말 나만 그런 걸까요? 아닙니다. 사도 바울과 같이 위대한 신앙인도 자신이 하나님 앞에 얼마나 곤고한 사람인가를 말합니다.

"이제는 그것을 행하는 자가 내가 아니요 내 속에 거하는 죄니라. 내 속 곧 내 육신에 선한 것이 거하지 아니하는 줄을 아노니 원함은 내게 있으나 선을 행하는 것은 없노라. 내가 원하는 바 선은 행하지 아니하고 도리어 원하지 아니하는 바 악을 행하는도다. 만일 내가 원하지 아니하는 그것을 하면 이를 행하는 자는 내가 아니요 내 속에 거하는 죄니라. 그러므로 내가 한 법을 깨달았노니 곧 선을 행하기 원하는 나에게 악이 함께 있는 것이로다. 내 속사람으로는 하나님의 법을 즐거워하되 내 지체 속에서 한 다른 법이 내 마음의 법과 싸워 내 지체 속에 있는 죄의 법으로 나를 사로잡는 것을 보는도다. 오호라 나는 곤고한 사람이로다 이 사망의 몸에서 누가 나를 건져내랴. 우리 주 예수 그리스도로 말미암아 하나님께 감사하리로다. 그런즉 내 자신이 마음으로는 하나님의 법을 육신으로는 죄의 법을 섬기노라. 그러므로 이제 그리스도 예수 안에 있는 자에게는 결코 정죄함이 없나니 이는 그리스도 예수 안에 있는 생명의 성령의 법이 죄와 사망의 법에서 너를 해방하였음이라"(롬 7:17-8:2).

나를 지배하던 죄와 사망의 법이 그리스도 예수 안에서 어떻게 됩니까? 생명의 성령의 법에 의해서 정복당합니다. 하나님이 그렇게 하십니다. 그래서 우리는 낙심하여 좌절하거나 자신을 스스로 정죄하며 영적인 잠의 늪에서 허덕이지 말아야 합니다.

죄에서 해방되어 의에게 종이 되었음에도 불구하고(롬 6:18), 우리에게는 여전히 육신의 연약과 미련과 허물이 남아 있습니다. 참으로 곤고한 사람입니다. 이처럼 육신의 연약 때문에 우리가 해결할 수 없는 문제들을, 사람의 모습으로 오신 하나님의 아들 그리스도 예수께서 다 해결해주셨습니다. 모든 일에 우리와 똑같이 시험을 받았으나 이기셨기에(히 4:15), 우리의 연약과 허물을 야단치시는 것이 아니라 불쌍히 여기십니다.

우리가 여전히 곤고한 사람임을 잘 아시는 하나님이 베푸시는 은혜 앞으로 담대히 나아가는 것이 우리의 할 바입니다. 이런 우리를 하나님은 언제라도 기쁘게 받아주십니다. 그럴 때 곤고한 사람에게 남아 있던 찌꺼기가 제거되고 쓸 만한 금과

은처럼 됩니다(잠 25:4). 육신대로 살면 어둠의 늪에서 허덕일 수밖에 없지만, 우리 안에 거하시는 성령의 인도하심을 따라 육신의 욕망과 행실을 죽이면 평안의 초장 안에 거할 수 있습니다(롬 8:13).

"그러므로 우리는 긍휼하심을 받고 때를 따라 돕는 은혜를 얻기 위하여 은혜의 보좌 앞에 담대히 나아갈 것이니라"(히 4:16).

7. 미련한 잠에서 깨어나라

"게으름이 사람으로 깊이 잠들게 하나니 태만한 사람은 주릴 것이니라"(잠 19:15).

잠언에는 미련한 잠, 영적인 잠을 자는 것에 대해서 무척 재미난 표현들이 나옵니다. 그리고 모두 하나님의 말씀에 게으르기 때문에 자는 잠이라고 말합니다.

"게으른 자여 네가 어느 때까지 누워 있겠느냐 네가 어느 때에 잠이 깨어 일어나겠느냐. 좀더 자자, 좀더 졸자, 손을 모으고 좀더 누워 있자 하면 네 빈궁이 강도같이 오며 네 곤핍이 군사같이 이르리라"(잠 6:9-11).

잠을 절제하지 못하는 우리의 처절한 모습을 보여줍니다. 그런데 미련한 잠을 자다가 죽음에 이른 경우도 있습니다.

"그[시스라]가 깊이 잠드니 헤벨의 아내 야엘이 장막 말뚝을 가지고 손에 방망이를 들고 그에게로 가만히 가서 말뚝을 그의 관자놀이에 박으매 말뚝이 꿰뚫고 땅에 박히니 그가 기절하여 죽으니라"(삿 4:21).

전쟁에 패하여 도망을 가던 군인이 편안히 깊은 잠에 빠져 있으니 얼마나 미련한 잠을 잔 것입니까? 사울의 아들 이스보셋의 낮잠도 그러했습니다. 사울이 죽자 사울의 아들 이스보셋은 이스라엘의 왕이 됩니다. 그리고 사울의 군사령관으로 이스보셋을 왕으로 세운 아브넬이 죽자, 이스보셋의 때가 기울은 것을 안 왕의 군지휘관 레갑은 이스보셋 왕을 배반하고 죽입니다. 그런데 칼로 싸움을 하다가 죽인 것이 아니라, 낮잠을 자고 있는 왕 이스보셋을 찾아가서 죽입니다(삼하 4:1-6).

어쩌다가 너무 피곤해서 잠깐 낮에 잠을 잔 것이 아니고, 이스보셋은 늘 미련한 잠을 낮에 잤던 것이 분명합니다. 그러기에 자기 나라가 위급한 상황에 처해 있는데도 왕은 여지없이 낮잠을 자고 있습니다. 그것을 알고 있는 레갑이 틈을 타서 찾아가 왕을 죽입니다.

우리가 육체의 잠을 자는 것은 당연합니다. 그러나 규모 없이 미련하게 잠을 자서는 안 된다고 성경은 가르칩니다. 영적인 잠에 빠져 성령 충만하지 않은 사람은 결국 육체의 잠도 규모 없이 미련하게 잡니다. 그리고 규모 없는 잠, 절제하지 못하는 게으른 잠으로 인해 육신이 망가져서 육체에도 병이 납니다. 나중에는 육신이 피곤해져서 신앙생활을 제대로 할 수 없는 지경에까지 이릅니다. 원래는 영적인 문제가 원인이었는데, 시간이 오래가다 보면 육체가 원인이 되고 영적인 것이 결과인 것처럼 오해하게 됩니다. 닭이 먼전지 알이 먼전지 모르게 됩니다. 그리고는 하나님을 원망합니다. 그래서 잠언은 사람이 미련하여 자기가 길을 굽게 하고는 여호와를 원망한다고 말합니다(잠 19:3).

영적인 잠을 오래도록 자는 것은 아주 무섭습니다. 나중에는 육체까지 쇄하게 만들기 때문입니다. 그래서 요한서신은 "하나님의 사랑을 입은 자여 네 영혼이 잘됨과 같이 네가 범사에 강건하기를 원하노라"라고 합니다. 영혼이 잘 되어야 범사에 강건하고 형통하다는 것입니다.

성경은 육체적인 잠의 모습 비유를 통해서 우리가 영적인 잠을 얼마나 미련하고 둔하게 자고 있는지를 가르쳐줍니다. 에베소서 5장은 잠에서 깨어나지 않는 것은 정말로 미련하여 결국 죄의 길로 가는 것이라고 말합니다.

"너희가 전에는 어둠이더니 이제는 주 안에서 빛이라 빛의 자녀들처럼 행하라. 빛의 열매는 모든 착함과 의로움과 진실함에 있느니라. 주를 기쁘시게 할 것이 무엇인가 시험하여 보라. 너희는 열매 없는 어둠의 일에 참여하지 말고 도리어 책망하라. 그들이 은밀히 행하는 것들은 말하기도 부끄러운 것들이라. 그러나 책망을 받는 모든 것은 빛으로 말미암아 드러나나니 드러나는 것마다 빛이니라. 그러므로 이르시기를 잠자는 자여 깨어서 죽은 자들 가운데서 일어나라 그리스도께서 너에게 비추이시리라 하셨느니라"(엡 5:8-14).

영적인 잠에서 깨어나지 않으려는 것은 불의한 자들이 저지르는 행위와 똑같습니다. 내가 실제로 악행을 저지르고 음행을 하지 않더라도 그렇게 하는 자들이 어두운 일에 참여하는 것과 같다고 에베소서는 가르칩니다. "너희는 열매 없는 어둠의 일에 참여하지 말고." 살인, 강도, 사기를 치거나, 누구를 모함하는 일을 하지 않는다 하더라도 "네가 안 한다고 생각하지 말라"고 합니다.

영적인 잠을 잔다는 것 자체가 어둠의 일들에 참여하는 것입니다. 빛의 자녀가 빛의 자녀로 살아야 하는데, 음행과 악행과 탐욕과 시기와 살인을 하는 불의한 자들처럼 삽니다. 실제로 이런 것들을 행하지 않더라도 그들처럼 어둠에서 산다면,

어둠의 일에 참여하는 것입니다.

곧 영적인 잠에서 계속 깨어나지 않겠다는 미련입니다. 이 잠의 미련은 내 속에 감추어져 있는 것들, 하나님이 싫어하시는 것들을 덮어놓기 위해서입니다. 잠에서 깨면 그것들이 훌러덩 드러나니까, 이불로 덮든 옷으로 덮든 자꾸 덮어놓고 잠자리에 누워있어야만 하는 것입니다. 그래서 성경은 "참여하지 말고 도리어 책망하라"고 권면합니다.

"네 속에 감춰져 있는 것, 덮어서 숨기고 있는 것을 들춰내라." 내 안에 감추어져 있는 것들을 꺼내어서, 잘못된 것을 나 스스로에게 책망해야 합니다. 어둠에 있는 다른 자들이 행하는 것만 책망하지 말고, 우리 안에 감추어져 있는 것, 거룩하지 못한 것들도 스스로 책망해야 합니다.

책망의 원래 뜻은 노출시키다(expose) 입니다. 덮어져 있는 것을 들춰내는 것입니다. 우리는 어둠 속에 숨겨져 있는 일들을 하나님 앞에 들춰내야 합니다.

하나님 앞에서 자꾸 감춰봤자 소용이 없습니다. 아무리 덮어놔도 전능하고 전지하신 하나님이 다 아십니다. 그리고 다 아시는 하나님은 우리가 스스로 들춰내고 자복하기를 기다리십니다.

들추어내어서 마구 튀어나오는 내 안에 감추어져 있던 것들, 거룩하지 못한 것, 은밀한 것, 말하기 부끄러운 것들을 자복하라고 하십니다. 말씀에 구체적으로 복종하며, 하나님이 싫어하시는 일을 행했던 것을 회개하여 두렵고 떨림으로 구원을 이루라고 하십니다. 이것이 미련한 잠에서 깨어나는 것입니다.

8. 하나님의 뜻대로 하는 근심을 통과하라

한 번 구원을 받은 사람은, 어떤 이유에서라도 다시 구원받아야 할 필요가 없습니다. 거듭남은 일회적인 사건입니다. 그런데 빌립보서 2장 12절은 "두렵고 떨림으로 너희 구원을 이루라"고 합니다. 무슨 뜻일까요? 구원받은 자로 이 세상에 살면서 하나님이 기뻐하시는 일들을 해나가라는 말입니다. 지옥의 영벌에서 구원을 받고 천국의 영생으로 가는 자이니 구원받은 자로서 합당한 모습을 보이며 살라고 합니다. 그러므로 "영적인 잠에서 깨라. 성령 충만하라." 그리하여 "구원을 이루어 하나님을 기쁘시게 하라."

구원을 이루는 것은 하나님의 말씀에 복종하면서 두렵고 떨리는 마음으로 해야 합니다. 이런 모습 없이는 우리가 영적인 잠에서 깨어나 성령 충만해질 수 없습니다.

앞서 말했듯이, 하나님 앞에서 두렵고 떨리는 마음이 없는 것이 교만입니다. 우리 속에 감추어진 것이 하나님 앞에서 들춰지면 두렵고 떨리는 마음이 생길 수밖에 없습니다. 이것이 하나님 앞에서의 겸손, 나의 나됨을 아는 것, 곧 영적인 자기 주제파악입니다.

죄의 수면제에 중독된 우리가 잠에서 깨어나는 것은 결코 쉬운 일이 아니기 때문에, 성경은 내가 어떻게 영적인 잠에서 깨어날 수 있는지 그 방법을 친절하게 가르쳐줍니다.

"하나님의 뜻대로 하는 근심은 후회할 것이 없는 구원에 이르게 하는 회개를 이루는 것이요 세상 근심은 사망을 이루는 것이니라"(고후 7:10).

우리를 깊은 잠에서 깨우기 위해 하나님은 우리에게 근심을 주십니다. 그러므로 하나님의 섭리 가운데 당한 근심을 통과하는 것이 잠에서 깨어나는 길입니다. 그런데 근심으로 인하여 낙심하거나 주저앉지 않고 통과할 수 있는 길은 자신을 돌아보고 회개하는 것입니다. 회개는 두렵고 떨림으로 구원을 이루는 첫 단추입니다.

하나님은 우리가 가지고 있는 미련과 허물을 없애시기 위해서 우리로 잠깐 근심하게 하십니다. 이러한 근심은 육신의 탐욕과 욕망을 좇으며 회개하지 않고 사망에 이르게 하는 세상 근심과는 다릅니다.

우리는 때로 하나님의 뜻대로 하는 근심을 깨닫지 못하고 오히려 좌절하여 더 깊은 영적 잠으로 잠수해버립니다. 하나님이 어떤 분이신지 모르는 정말로 미련하고 안타까운 일입니다. 그러나 하나님의 뜻대로 하는 근심이란 것을 알고 회개의 자리에 앉아서 자신의 허물을 시인하는 사람에게는 불순물이 제거된 순정품의 믿음이 주어집니다(벧전 1:6-7).

"너희가 이제 여러 가지 시련으로 말미암아 잠깐 근심하게 되지 않을 수 없으나 크게 기뻐하는 도다. 너희의 믿음이 진짜인지 아닌지 불로 테스트를 받아 없어질 금보다 더 귀한 것이 되었으니"라고 격려해줍니다.

나에게 근심이 있기 때문에, 나는 회개를 가지고 통과하며 잠에서 깨어날 수 있습니다. 그래서 바울도 베드로도 근심으로 인해 기뻐할 수 있다고 고백합니다(고후 7:9; 벧전 1:6).

우리가 근심 중에도 회개함으로 인내할 때, 하나님은 나에게 어울리는 아름다운 신앙의 옷(character)을 입혀주시며 소망을 갖게 하십니다(롬 5:3). 얼마나 좋아할 일입니까? 하나님의 뜻대로 하는 근심을 당했을 때 회개를 통해 두렵고 떨림으로 후회할 것이 없는 구원을 이루는 사람! 그는 이제 영적인 잠에서 깨어납니다. 죽은 자 같으나 살아 있고, 근심하는 자 같으나 항상 기뻐하고, 가난한 자 같으나 많은 사람을 부요하게 하는 자가 됩니다(고후 6:10).

그런데 이 모든 것을 내가 아니라 내 안에서 성령 하나님이 행하십니다. 내가 성령을 내 속으로 불러들여 성령이 내 안에서 어떻게 하도록 하는 것이 아닙니다. 거듭나서 구원받을 때부터 내 안에는 이미 성령님이 계십니다. 그런데 그 성령이 충만하지 못하도록 나의 영적인 잠과 나의 교만과 나의 미련이 성령의 일을 자꾸만 거부합니다. 그리고 성경은 그러지 말라고 가르칩니다.

"너희 안에서 행하시는 이는 하나님이시니 자기의 기쁘신 뜻을 위하여 너희에게 소원을 두고 행하게 하시나니"(빌 2:13).

하나님의 기쁘신 뜻을 위하여 내 안에 계시는 성령님이 이미 일을 하고 계십니다. 그리고 그 기쁘신 일을 위해서 우리 마음에 거룩한 소원을 두고 행하게 하십니다. 하나님이 무엇을 기뻐하시는지는 우리가 말씀을 통해서 압니다. 그러므로 우리 마음에 두신 것을 가지고 갈망하며 일어나야 합니다.

우리가 영적인 잠에서 깨어날 수 있도록 하나님의 작정된 기쁘신 뜻은 우리를 격려합니다. 하나님의 모든 뜻은 그 뜻대로 되며 작정하신 것은 변하지 않습니다. 성령님이 내 안에 계시면서 나를 통해 하실 일은 이미 작정되어 있습니다. 하나님의 작정이 반드시 이루어지도록 우리에게 선한 소원을 두셨기 때문에, 하나님의 그 작정은 근심 중에도 우리에게 충분한 위로가 됩니다.

하나님의 작정을 생각하면 우리가 낙심할 것이 하나도 없습니다. 하나님의 기쁘신 뜻을 위한 작정으로 우리는 언제나 격려를 받고 있으니, 하나님의 뜻대로 하는 근심을 통과하며, 지금 영적인 잠에서 깨어나 성령 충만으로 구원을 이루어야 합니다. 이렇게 하여 우리는 거저 주시는 은혜의 영광을 찬송하게 됩니다(엡 1:6).

SLEEPING
CHRISTIAN, AWAKE!
BE FILLED WITH
THE SPIRIT,
BEAR FRUITS
OF THE SPIRIT!

2장
성령 충만

BE FILLED

WITH THE SPIRIT

"그러므로 이르시기를 잠자는 자여 깨어서 죽은 자들 가운데서 일어나라 그리스도께서 너에게 비추이시리라 하셨느니라"(엡 5:14).

죽은 자들 사이에서 영적인 잠을 자고 있는 산 자를 향해 성경이 가르칩니다. 그런데 그 가르침의 목적은 잠자는 자를 야단치거나 좌절시키기 위한 것이 아닙니다. "산 자가 왜 죽은 자들 가운데 있느냐! 죽은 자들 사이에서 나와, 산 자는 산 자의 삶을 살라!"고 격려하며 용기와 힘을 줍니다.

SLEEPING

1. 성령 충만이란?

이제 영적인 잠에서 깨어난 우리는 성령 충만하기 위해 성령 충만의 구체적인 내용이 무엇인지를 알아야 합니다.

하나님을 믿기 시작하여 열심히 신앙생활을 하면서도, 내가 왜 하나님을 믿는지, 하나님이 어떤 분이신지, 정확한 답을 모를 수가 있습니다. 때로는 구원의 확신이 무엇인지도 모르는 채 신앙생활을 할 수 있습니다.

이와 마찬가지로 "성령 충만, 성령 충만" 참 많이 말하며 그렇게 되고자 하면서도 성령 충만이 구체적으로 무엇을 뜻하는지 잘 모를 수 있습니다. 뭔가 더 신령해지고 믿음이 깊어지는 것 같긴 한데 확실치는 않아, 단지 문자적인 성령 충만을 갈망하는 것에 머무를 수 있습니다.

구원의 복음을 듣고 믿었을 때 받은 성령의 인치심은 과거에 단 한 번 일어난 사건입니다(엡 1:13). 그러나 성령 충만은 평생 동안 계속하여 반복적으로 쉬지 않고 이루어져야 합니다. 이를 위하여 그 인치심은 우리에게 구원의 날에 이르기까지 보증이 되고, 끝내 우리로 하여금 영광의 찬송을 부르게 합니다(엡 4:30, 1:14).

성령 충만이란 우리 속에 그리스도의 말씀이 풍성히 거하는 것입니다(골 3:16). 주께서 우리에게 하신 말씀이 날마다 생각나고, 그 말씀에 순종하며, 무엇을 하든지 그 말씀에 철저히 지배받는 것입니다(요 14:26).

우리의 생각과 말과 행동은 하나님의 말씀에 간섭을 받지 않으면서, 성령 충만해야 한다는 목적을 이루기 위해 억지로 자신의 감정을 조절하는 마인드 컨트롤과는 구별됩니다. 말씀에 지배받기를 갈망하며 애쓰는 경건의 수고를 다할 때 우리는 성령의 열매가 맺히는 충만의 자리에 서게 됩니다.

영적 죽음의 상태에 있던 우리에게 그리스도가 성취하신 새 생명을 주신 성령님은 "또 다른 보혜사"가 되시어 연약한 우리를 여전히 돕고 변론해주십니다(요 14:16; 요일 2:1). 흑암과 혼돈에서 빛과 질서를 창조하시고, 사망의 죄인을 생명의 의

인으로 바꿔놓으신 성령님이 오늘 우리를 영적 잠의 어두운 늪에서 깨워 건져내시고 충만한 은혜로 부어주십니다. 성령님의 초월적인 능력으로부터 공급되는 이 은혜는 우리로 하여금 성령을 따라 행하며 성령 충만을 얻게 하는 데 부족함이 없습니다.

성령이 나를 주장하시도록 맡기는 것

우리 안에는 성령님이 계십니다. 성령의 한 번 인치심은 영구불변하여 영생까지 가는 것이기 때문에, 우리 안에 계시는 성령님은 우리가 별별 나쁜 짓을 아무리 한다 하더라도 결코 떠나지 않으십니다. 오히려 하나님의 선하신 뜻을 받아서 행하도록 성령님이 우리에게 의지를 주시고, 그것을 우리가 행하도록 주장하십니다.

우리가 영적인 잠을 잘 때도 우리 안에는 성령님이 계십니다. 그러나 우리는 육신의 소욕과 죄의 습성과 미련을 따라가며 성령님이 주장하시는 일을 하지 못하도록 거부합니다. 이처럼 육체의 욕망을 좇아 살면서 우리는 자꾸만 고집을 부리는데, 성령님은 이를 허용하십니다. 자기 욕심에 끌려 유혹에 빠지도록 내버려두십니다(약 1:13-15). 그러나 말할 수 없는 탄식으로 우리를 위하여 간구하십니다.

영적인 잠에서 깨어나 성령 충만하려면, 성령님이 내 안에서 나의 의지와 행함을 주장하시는 것에 순종하며 자신을 맡겨드려야 합니다. 이것이 성령 충만의 첫 번째 내용입니다.

육체의 욕망을 채우지 않는 것

성령이 충만하면 육체의 욕망을 채우지 않습니다. 오히려 육체의 정욕과 욕망을 십자가에 못 박습니다.

하나님의 말씀이 "하라"고 하신 것을 하지 않으려는 것, "하지 말라"고 하신 것을 구지 하려는 것이 육체의 정욕과 욕망입니다. 이것들을 십자가에 못 박는 것이 성령 충만인데, 영적인 잠을 자는 사람은 이것을 절대로 할 수 없습니다.

그러므로 하나님의 말씀이 "하라"는 것은 하고, "하지 말라"는 것은 하지 않는 것이 성령 충만입니다. 곧 말씀대로 사는 것입니다. 이렇게 사는 자에게 하나님은 경건한 욕망을 넣어주시고, 이것을 받아 소원을 두고 이룰 수 있게 하십니다.

"너희 안에서 행하시는 이는 하나님이시니 자기의 기쁘신 뜻을 위하여 너희에게 소원을 두고 행하게 하시나니"(빌 2:13).

하나님이 기뻐하시는 경건한 소원으로 우리 안을 채우시고, 무엇이 선한 일인지 찾게 하십니다. 그리고 찾는 것에서 멈추지 않고, 모든 선한 일을 열심히 행할 수 있도록 도와주십니다. 신행일치, 이것이 곧 성령 충만입니다.

"우리는 그가 만드신 바라 그리스도 예수 안에서 선한 일을 위하여 지으심을 받은 자니 이 일은 하나님이 전에 예비하사 우리로 그 가운데서 행하게 하려 하심이니라"(엡 2:10).

"오직 성령의 열매는 사랑과 희락과 화평과 오래 참음과 자비와 양선과 충성과 온유와 절제니…"(갈 5:22-23).

자신이 어떤 사람인지 다른 사람들이 한 눈에 보고 알 수 있도록 우리는 프로필이라는 것을 만듭니다. "아, 이런 사람이구나. 학교는 여기 나왔구나. 경력이 이렇구나." 마찬가지로 "저 사람이 성령 충만한 사람인지 아닌지"를 눈으로 보고 확인할 수 있도록 겉으로 드러난 모습이 성령의 열매라는 신앙프로필입니다.

여러 종류의 나무가 섞여 있는 과수원에서 각각의 나무를 서로 쉽게 구별할 수 있는 때는 나무에 열매가 맺혀 있을 때입니다. 배가 열리면 배나무, 사과가 열리면 사과나무입니다. 이처럼 맺혀진 열매를 보고 그들이 하나님의 뜻대로 행하는 자인지 아닌지를 알게 된다고 예수님도 말씀하십니다(마 7:20).

성령 충만한 사람이라는 것을 보여주는 아홉 가지의 증표가 성령의 열매입니다. 사랑, 희락, 화평, 오래 참음, 자비, 양선, 충성, 온유, 절제, 이 아홉 가지를 우리는 날마다 외우면서 기도해야 합니다. 어느 날은 사랑이 충만한데 자비가 없는 날이 있을 것이고, 절제는 넘치는데 온유가 부족한 날이 있을 것입니다. 그러므로 아홉 가지 성령의 열매가 규모 있게, 골고루, 과락이 없도록 사는 삶이 성령 충만한 삶이며 우리가 바라고 추구해야 할 삶입니다.

성령의 열매의 구체적인 내용은 이어지는 3장에서 살펴보도록 하겠습니다.

삶을 통해 복음의 증거가 나타나는 것

성령 충만한 자에게는 능력이 나타납니다. 영적인 잠을 자는 사람에게는 복음을 전하는 일이 피곤하기만 한 일이며 열매도 보기 힘듭니다. 그러나 성령이 충만한 자가 복음을 전할 때는 복음의 열매가 맺히고 회심의 사건들이 일어납니다.

세상의 모든 일에서도 성도는 영적인 분별력과 통찰력이 있어야 합니다. 성도는 세상의 빛과 소금으로서 세상을 리드해야 합니다. "기도를 많이 하고 말씀을 많이 아는 것 같은데, 저 사람은 왠지 좀 그렇지?" 이런 말을 들어서는 안 됩니다. 우리는 성령 충만함을 통해 분별력과 통찰력이 있는 성도가 되게 해달라고 하나님께 간구해야 합니다. 규모 있고 합당한 언행의 소유자가 되어야 교회 안에서나 밖에서나 믿음의 덕을 보이는 열매 있는 자가 될 수 있습니다(벧후 1:5, 8).

성령이 충만하면 능력을 받고 하나님의 사랑을 풍성하게 증거하게 됩니다. 영적인 분별력과 매사에 통찰력을 가지고 규모 있는 언행을 함으로써 말로만이 아니라 우리의 삶을 통해 복음을 증거하게 됩니다. "저 사람만 보면 나도 하나님을 믿고 싶어. 나도 믿어야 할 것 같아. 교회 나가보고 싶어." 이것이 성령 충만한 자를 통해서 일어나는 일들입니다.

2. 어떻게 성령 충만을 받는가?

오직 말씀과 기도로 하라

"하나님의 말씀과 기도로 거룩하여짐이라"(딤전 4:5).

기도만 많이 해도 안 되고 말씀만 많이 보아도 안 됩니다. 말씀과 기도는 성령 충만의 두 수레바퀴입니다. 수레의 두 바퀴 크기가 똑같아야 굴러가는 데 문제가 없는 것처럼 말씀 바퀴와 기도 바퀴의 크기가 같아야 합니다. 말씀 읽는 만큼 기도해야 하고 기도하는 만큼 말씀을 봐야 합니다.

성령 집회에 참석하여 간증하는 사람들의 말을 듣고 감동받아 눈물로 회개하였다 하더라도, 그 후에 내가 말씀도 안 읽고 기도생활도 하지 않는다면 결코 성령 충만해질 수가 없습니다. 성령 충만한 자들의 간증을 듣거나 집회에 가는 것 자체가 나쁜 것은 아닙니다. 그러나 그곳에서 듣고 온 간증과 권면의 내용은 나로 하여금 성령 충만의 필요를 느끼게 하는 영적 자극일 뿐, 내가 성령 충만해지는 방법은 아닙니다. "저 사람처럼 나도 성령 충만해야 겠다"라고 결심하는 계기와 동기부여를 받았다면, 말씀과 기도로 성령 충만해지는 방법을 삼아야 합니다. 자신이 개인적으로 하나님 앞에서 말씀을 읽고 그 말씀을 의지하여 기도할 때 성령 충만해질 수 있다는 것을 우리는 명심해야 합니다.

말씀으로 자신을 실험하라: 자기 속에 감추어진 것을 들춰내라

"너희는 믿음 안에 있는가 너희 자신을 시험하고 너희 자신을 확증하라 예수 그리스도께서 너희 안에 계신 줄을 너희가 스스로 알지 못하느냐 그렇지 않으면 너희는 버림 받은 자니라"(고후 13:5).

말씀을 읽고, 기도를 했습니다. 그렇다면 이제 그 말씀을 가지고 자신을 시험해야 합니다. 내가 믿음 안에 있는지 아닌지 자신을 늘 시험해보아야 합니다. "시험"의 본래 뜻은 실험(examine)입니다. 즉 말씀을 가지고 나 자신에게 있는 모든 것을 실험해야 합니다. 리트머스 종이로 용액이 산성인지 알칼리성인지를 실험하는 것처럼, 내 삶의 모습이 말씀 앞에서 합당한지 아닌지를 내가 실험해보아야 합니다.

그래서 내 속에 무엇이 감추어져 있는지, 내 연약이 무엇인지, 내 미련이 무엇인지, 내가 아직도 버리지 못하는 육체의 욕망이 무엇인지, 십자가에 못 박지 못하고 있는 것이 무엇인지, 남아 있는 미련한 것들이 무엇인지를 말씀으로 계속 실험해야 합니다.

실험(examine)이 다 끝나면 실험의 결과물에 대한 적합성을 테스트(test)하여 우리 자신을 확증해보여야 합니다. 자동차 회사에서 자동차를 만들 때에도 모든 부품마다 실험을 합니다. 마모도, 내구성, 기능과 안정성 등등을 모두 따져보고 순정 부품으로 합격이 되면 그 다음에 부품들을 모아서 자동차를 조립합니다. 그리고 조립된 자동차는 바로 판매되지 않고, 이것저것 다양한 테스트와 시험운전을 거쳐 문제는 없는지 운행의 안전성을 검증받고 상품이 됩니다.

우리 신앙생활도 마찬가지입니다. 말씀의 실험을 통하여 우리 안에 믿음이 있는지, 감추어져 있는 것이 무엇인지를 드러낸 후, 그 결과들을 가지고 다시 테스트를 거친 후 말씀의 요구에 합당한 것들만 통과시켜야 합니다.

나는 그리스도를 끝까지 신뢰하며 나의 모든 것을 맡기고 의지하는가?(히 3:6)

그 결과 내가 평강을 누리고 있는가?(빌 4:6-7)

하나님의 모든 말씀에 순종하며 행하고 있는가?(마 7:21)

하나님을 두려워하며 거룩함을 온전히 이루어가고 있는가?(고후 7:1)

성도들과 서로 사랑하고 있는가?(요일 4:11)

세상 사람들에게 선한 본이 되어 복음을 증거하고 있는가?(마 5:16)

늘 말씀으로 자신을 달아보고 재어보고 흔들어보아서, 부족한 것이 있으면 채우고, 넘치는 것이 있으면 따라내고 잘라내고, 짧으면 붙이고, 작아서 거름망에서 빠지는 것은 장성하도록 애써서 빠지지 않게 하고, 불순물을 걸러내기 위해서는 자신의 입자를 작게 부셔서 채를 통과시켜야 합니다. 말씀의 자와 저울과 거름망으로 나를 항상 실험하고 테스트하는 과정을 거친 후, 주님을 기쁘시게 하는 것이 무엇인지 분별하는 사람이 되었다는 것을 확증받아야 합니다(엡 5:10). 이것이 성령 충만해지는 방법입니다.

하나님 앞에서 겸손하라

"오호라 나는 곤고한 사람이로다 이 사망의 몸에서 누가 나를 건져내랴"(롬 7:24).

말씀으로 자신을 실험하고 테스트해서 확증을 받고 나면 하나님 앞에서 겸손한 자가 될 수밖에 없습니다. 적나라한 자신의 처지와 상태를 알게 되었으니 하나님께 그대로 시인하는 것이 겸손입니다. 그런데 이때 자존심을 지키려고 핑계를 대거나 마음의 분을 삭이려고 다른 사람을 원망해서는 안 됩니다. 그렇게 한다면 성령 충만은커녕, 다시 영적인 잠의 늪으로 빠지게 됩니다.

자기를 솔직하게 시인하여 겸손해지는 과정 중에 우리는 몇 차례의 과도기를 겪게 됩니다. 이전에는 말씀과 기도의 생활을 하지 않다가 영적인 잠에서 깨어나기 위해 말씀도 읽고 기도도 하려다 보니, 내적인 혼란과 갈등이 찾아옵니다. 잠에서 깨려고 하는데 "좀 더 자자, 좀 더 졸자" 하는 옛 습관이 나를 괴롭힙니다. 잘 변화되지 않는 나의 모습을 보니, 너무 비참하고 처참하고 한심합니다. "말씀 읽었는데, 기도했는데, 왜 하나도 안 되지? 왜 아무런 변화도 일어나지 않지?" 하며 혼란과 좌절을 겪게 됩니다.

이때가 찬스입니다. 이러한 혼란과 갈등이 없다면 오히려 그것이 문제입니다. 딱딱하게 굳어버린 심장은 어떤 것에 의해서도 별로 자극을 받지 않기 때문입니다. 그런데 깨어나려고 발버둥을 치지만 자꾸 내려오는 눈꺼풀 때문에 일어나는 갈등과 영적 동요는 하나님이 나에게 성령 충만의 은혜를 주신다는 싸인입니다. 이때도 핑계를 대거나 남을 원망하지 말아야 합니다. 이는 다시 뒤로 물러나 영적 잠의 길로 방향을 바꾸는 미련한 짓입니다.

내가 곤고한 사람인 것을 이제 확실히 알았습니다. 나를 곤고하게 하는 사망의 법칙으로부터 해방시켜줄 법칙은 생명의 성령의 법칙 밖에 없다는 것을 알았습니다. 그러므로 말씀이 지시하는 대로 겸손하게 버릴 것은 버리고 가질 것은 가지면 됩니다.

"은에서 찌기를 제하라 그리하면 장색의 쓸 만한 그릇이 나올 것이요"(잠 25:4).

요약: 자신을 확증한 아브라함

말씀의 저울과 말씀의 자와 말씀의 거름망으로 달아보고 재어보고 흔들어봐서, 그 말씀 앞에 합당하지 못한 것은 버리고, 취할 것은 취하고, 부족한 것은 채우는 것이 말씀과 기도로 영적인 잠에서 깨어 성령 충만해지는 것입니다.

이것을 성경은 나 자신을 실험하다(examine) 라고 가르칩니다. 사건과 상황을 통해서, 내 안에 감추어진 것들, 부족하고 허물 많고 연약한 것들이 들춰질 때, 내가 그 앞에서 어떤 반응을 보이고 있는지 실험해보라고 합니다. 핑계를 대는지, 원망을 하는지, 다시 잠자리로 들어가 버리는지, 자복하고 시인하며 회개를 하는지 ….

하나님이 우리 안의 것을 들춰내실 때 우리가 보여줄 합당한 반응은 시인입니다. 숨기고 싶은 것이 드러났으니 물론 창피하겠지만, 하나님 앞에서는 부끄러워할 것이 없습니다. 하나님의 긍휼과 자비 앞으로 담대히 나와서 시인하며 자복하고, 그 다음에 하나님 앞에 도움을 구하면 됩니다. 그것이 성령 충만해지는 방법입니다.

어떤 상황과 사건을 통해서 우리 안에 감추어진 것을 하나님이 들추어내실 때 우리에게는 내적인 갈등과 영적인 동요가 찾아옵니다. 이때 잘못하면 좌절과 핑계와 원망이라는 어리석음에 머무를 수 있는데, 그 순간 어떻게 방향을 트느냐에 따라서 이 내적 혼란과 영적 동요는 성령 충만해지는 길로 가는 첩경이 됩니다.

성령 충만의 길로 방향을 잡게 되면, 그 다음은 말씀으로 나를 버리고 깎고 채우는 것입니다. 성경은 그 다음에 테스트를 하라고 합니다. 잘 조립한 자동차를 시운전하듯이 성령 충만한 자가 되기 위해서 나 자신을 테스트하여 온전한 자라는 것을 스스로 확증하라고 가르칩니다.

고향 땅 갈대아 우르를 떠나 약속의 땅 가나안으로 가는 아브라함은 하나님 앞에서 연단을 받습니다. 상황과 사건을 통해서 그때마다 하나님은 말씀으로 아브라함을 실험(examine)하십니다. 그리고 잘 조립된 자동차를 판매하기 전에 시운전하듯이, 아브라함은 하나님 앞에 시험(test)을 받습니다. 노년에 얻은 아들 이삭을 번제물로 바치라는 테스트를 받습니다. "아브라함은 시험을 받을 때에 믿음으로 이삭을 드렸으니 그는 약속들을 받은 자로되 그 외아들을 드렸느니라"(히 11:17).

하나님은 아브라함이 그 테스트를 통과하여서 하나님을 기쁘시게 할 믿음이 있음을 확증하기 위해서 시험하십니다. 그리고 그 전에 말씀으로 그의 믿음을 실험하십니다. 아브라함은, 어떤 때는 하나님의 언약을 신뢰하지 못해서 가뭄을 핑계로 약속의 땅 가나안을 떠나고, 어떤 때는 자기 목숨을 지키려고 아내를 애굽 왕 바로에게 넘겨주는 치졸한 존재로 전락하기도 합니다(창 12:10-15). 그리고 아내 사라를 통해 아들을 주신다는 하나님의 언약을 신뢰하지 못하고 하갈에게서 이스마엘을 낳기도 하지만, 약속의 아들로 태어날 이삭이란 이름을 하나님께로부터 들은 아브라함은 명령대로 할례를 시행합니다(창 17:9-27).

이처럼 실험을 통과하며 아브라함은 숨기거나 핑계를 치지 않고 자신의 연약과 허물을 시인하는 사람으로 점점 변화됩니다. 그리고 때가 이르자, 하나님은 아브라함을 테스트하시며 그 시험을 통과하게 하십니다.

이제 신실하신 하나님의 언약을 신뢰하게 된 아브라함은 아침 일찍 일어나서 부활의 소망 가운데 아들 이삭을 번제물로 드립니다(창 22:1-19). 아브라함은 자신의 자손을 통해 천하 만민이 복을 얻게 하신다는 하나님의 언약이 반드시 이루어질 것을 확신하는 믿음의 소유자로 변화됩니다. 말씀으로 자신을 실험하고 테스트한 결과를 가지고 믿음 있는 자라는 확증을 보여줍니다. 얼마나 아름다운 신앙의 모습인가요.

"내 형제들아 너희가 여러 가지 시험을 당하거든 온전히 기쁘게 여기라. 이는 너희 믿음의 시련이 인내를 만들어 내는 줄 너희가 앎이라 ⋯ 시험을 참는 자는 복이 있나니 이는 시련을 견디어 낸 자가 주께서 자기를 사랑하는 자들에게 약속하신 생명의 면류관을 얻을 것이기 때문이라"(약 1:2-4, 12).

성령 충만의 법칙

1. 경외
하나님을 바로 깊이 알고 의지하라.

2. 겸손
간절히 사모하며 구하라.

3. 경건의 실천
믿고 맡기며 말씀대로 즉시 실천하여 변화되라.
개혁하라.

BE FILLED
WITH THE SPIRIT

3장
성령의 열매

"내가 이르노니 너희는 성령을 따라 행하라 그리하면 육체의 욕심을 이루지 아니하리라. 육체의 소욕은 성령을 거스르고 성령은 육체를 거스르나니 이 둘이 서로 대적함으로 너희가 원하는 것을 하지 못하게 하려 함이니라. 너희가 만일 성령의 인도하시는 바가 되면 율법 아래에 있지 아니하리라 … 오직 성령의 열매는 사랑과 희락과 화평과 오래 참음과 자비와 양선과 충성과 온유와 절제니 이같은 것을 금지할 법이 없느니라. 그리스도 예수의 사람들은 육체와 함께 그 정욕과 탐심을 십자가에 못 박았느니라"(갈 5:16-18, 22-24).

SLEEPING

1. 성령의 열매란?

성령 충만한 것을 실제 눈으로 보고 손으로 만지는 것이 성령의 열매입니다. 그래서 성령의 열매가 풍성히 열리는 것을 "성령 충만하다"라고 합니다. 성령의 열매는 특별한 자들에게만 제한된 것이 아니라 모든 성도에게 동일하게 약속되어진 은혜의 선물입니다.

성령의 은사와 구별된다

성령의 열매를 성령의 은사와 혼동할 수 있는데, 이 둘은 서로 다르고 구별됩니다. 고린도전서 12장 4절 이하에 기록된 은사들은 성도들 간에 덕을 세우며 교회를 자라게 하기 위해서 성령님이 주신 선물입니다. 12장 28절은 사도, 선지자, 교사, 능력, 병 고침, 서로 도움, 다스림, 방언 등의 은사에 대해 말하는데, 이는 은사가 교회의 직분과 연관되어 있음을 뜻합니다. 이처럼 은사는 교회의 유익을 위하여 교회가 필요로 할 때 사용되는 것입니다(고전 12:7).

신앙 공동체의 유익을 위하여 성령의 능력이 은사를 통하여 나타나는 것은 출애굽 시대에도 있었습니다. 출애굽의 기적을 체험한 후에도 여전히 애굽의 옛 생활을 그리워하며 불평을 일삼는 이스라엘 백성들로 인해 중한 짐을 호소하는 모세의 기도를 들으신 하나님이 70명의 장로들에게도 성령이 임하게 하셔서 모세와 함께 백성을 이끌게 하십니다(민 11:16-17). 또 솜씨가 있는 몇 명에게 특별히 성령의 능력을 부어주셔서 제사장 아론의 옷을 만들 수 있도록 도와주십니다(출 28:3).

이처럼 은사는 교회의 직분과 사명의 감당을 돕기 위하여 성령님이 주시는 은혜의 선물입니다. 그런데 평범한 것보다는 극적이거나 신비한 현상일수록 더 자극과 영향을 받는 우리의 일반적 정서는 방언이나 신유와 같은 은사에 대해서 특별한 영적 가치를 부여하게 될 수 있습니다. 은사를 통하여 신비한 일이 일어나는 결과, 이런 은사를 가진 자에게 영적 지배를 받게 될 수 있습니다.

은사를 지닌 것 자체가 영적 성장과 일치한다거나, 그가 다른 사람보다 신령한 영성을 지녔다는 증표가 될 수는 없습니다. 오히려 이 은사가 성령님으로부터 받은 것일수록 하나님이 기뻐하시는 모습으로 사용되기 위해서, 은사를 받은 자는 누구보다도 더욱 성령 충만의 증거인 성령의 열매(갈 5:22-23)를 가지고 은사를 행해야 합니다.

성령의 인도하심에 철저히 순종하는 인간의 의지를 요구한다

성령의 열매는 성령의 인도하심에 철저히 순종하는 인간의 의지를 요구합니다. 우리 안에 내주하시는 성령님은 육체의 소욕을 따르던 모든 것들을 버리게 하십니다. 말씀과 기도를 통해 습관과 고집을 버리게 하시고, 신앙 의지를 발동시켜 내 안을 비우게 하십니다. 이렇게 성령님이 역사하실 수 있도록 우리는 가난한 심령으로 변화되어야 합니다.

우리의 생각과 의지와 행동을 성령님이 주관하시도록 내어맡기는 것이 성령 충만의 길로 가는 출발입니다. 내가 나 스스로를 자치하는 것이 아니라 성령의 지배를 받을 때, 하나님의 주권적인 지배를 전적으로 의지할 때, 우리는 성령 충만해질 수 있습니다.

그렇다면 성령님이 역사하실 때 우리는 어떻게 반응해야 할까요? "하나님이 알아서 하십쇼" 하고 가만히 있는 것이 아니라, 성령님이 역사하시는 것에 순응하면서 나의 의지를 발동해야 합니다.

먼저 성경을 통해서 하나님이 어떤 분이신지 바로 알고, 성령님이 내 안에서 어떻게 사건과 상황을 주관하여 역사하시는지 깊이 묵상하며 깨달아야 합니다. 그 다음에는 배운 말씀을 통해서 내 감정과 정서가 성령이 주시는 감동에 따라서 반응을 해야 합니다. 그리고 신앙의 의지가 발동하여 이에 합당한 수고(실천)를 해야 합니다.

성령의 내주하심과 다스리심을 받는 자는 수동적으로 가만히 있는 것이 아니라, 그에 더해서 능동적으로 순종하는 의무로 따르게 됩니다. 성령의 다스림을 받을 때 우리는 의지를 발동하여, 마땅히 해야 하는 것, 즉 말씀의 가르침과 요구에 지배받는 생활을 시작해야 합니다. 하나님을 바로 아는 "지식"을 통해, 성령님이 주시는 감동에 나의 신앙의 "정서"로 건강하고 합당하게 반응을 일으키며, 신앙의 "의지"로 행할 때 성령의 열매를 얻는 문으로 들어가게 됩니다.

율법의 저주로부터 해방 받은 자유를 합당하게 사용할 때 얻는다

"형제들아 너희가 자유를 위하여 부르심을 입었으나 그러나 그 자유로 육체의 기회를 삼지 말고 오직 사랑으로 서로 종노릇 하라"(갈 5:13).

율법이 죄인에게 선언한 저주로부터 해방을 받은 자는 그 자유를 합당하게 사용해야 합니다. 이전에 우리는 율법의 지배를 받았지만 그 율법을 지키지도 따르지도 못했습니다. 그렇게 무능한 우리에게는 율법 아래에서 정죄 받는 것 밖에 없었습니다. 이런 우리가 예수 그리스도 안에서 율법이 하는 정죄로부터 해방을 받았습니다. 그리스도의 보혈로 우리는 자유함을 받았습니다. 율법의 지배를 받지 않는 자가 되었습니다.

그럼에도 불구하고 그 자유함을 가지고 하나님이 기뻐하시는 것에 사용하기보다는, 다시 육체의 소욕을 따르는 기회로 삼는 미련을 범했다고 성경은 가르칩니다. 이제는 그 자유를 합당하게 사용하여 성령 충만한 자가 되어서 성령의 열매를 얻으라고 말합니다.

그러므로 그리스도 안에서 받은 자유를 가지고 육신의 방종과 욕심에 지배를 받는 게으름, 즉 영적인 잠을 자는 기회로 잘못 사용해서는 안 됩니다. 그래서는 성령 충만할 수 없고, 성령의 열매를 얻을 수 없습니다.

정욕과 탐심을 십자가에 못 박을 때 얻는다

"내가 그리스도와 함께 십자가에 못박혔나니 … 그리스도 예수의 사람들은 육체와 함께 그 정욕과 탐심을 십자가에 못 박았느니라"(갈 2:20, 5:24).

그리스도의 십자가 보혈로 죄사함을 받고 거듭난 사람은, 그것을 믿는 믿음으로 날마다 육신의 생각과 함께 정욕과 탐심을 못 박아야 합니다. 육신의 생각은 하나님과 원수 된 인간의 죄악성과 부패성을 뜻합니다(롬 8:7). 본질적인 죄를 그리스도께서 십자가의 보혈로 씻어주셨기 때문에, 그것을 믿는 믿음으로 우리는 육신의 생각인 죄악성과 부패성을 버릴 수 있습니다. 우리는 십자가의 대속으로 우리를 구원하신 예수 그리스도께 육신대로 살지 말아야 할 빚을 지고 있습니다(롬 8:12). 그래서 육신의 생각과 함께 정욕과 탐심을 뿌리째 아주 싹 뽑아서 십자가에 못 박아야 합니다.

뿌리는 남겨두고 잎사귀만 따서, 줄기만 따서 십자가에 못 박는다면, 이는 겉으로 나타난 정욕과 탐심만을 못 박는 것입니다. 뿌리인 죄악성과 부패성을 여전히 우리 안에 남겨 놓으면, 우리가 받은 자유함을 육체의 정욕과 탐심을 위해 사용하게 됩니다. 여전히 육신대로 살면서 예수 그리스도께서 대신 갚아주신 은혜를 함부로 다루는 사람이 됩니다. 그러므로 뿌리째 뽑아서 십자가에 못 박을 때 성령의 열매가 우리에게 맺힙니다.

그런데 하나님과 원수 된 인간의 죄악성과 부패성으로 상징되는 육신의 생각은 겉으로 쉽게 그 정체를 드러내지 않습니다. 죄악 된 일이라고 해서 반드시 도둑질과 살인과 같은 것만은 아니기 때문입니다. 그래서 육신의 생각, 죄악된 일을 말할 때 "나는 그런 죄까지는 짓지 않는데?" 하고 순간 생각할 수 있습니다.

그렇다면 성경이 우리에게 깊이 있게 지적하는 육체의 생각과 일은 무엇일까요? 인본주의적 사고, 자기 의지로 하려 하는 것, 말씀의 지배를 받지 않는 것, 하나님의 다스림을 거부하는 것, 말씀과 기도로 성령의 인도하심을 받지 않는 것, 이 모든 것이 육체의 것입니다.

의지를 발동해서 열심히 하는 것은 좋은 것입니다. 그렇게 해야 합니다. 그러나 그 의지를 발동시키는 근원이 무엇인가 가 중요합니다. 죄악성과 부패성에서 우리의 의지가 발동되어 서는 안 되기 때문입니다. 인본주의적 사고, 이것은 아주 오래 된 죄악의 뿌리입니다.

선악을 알게 하는 나무의 열매를 먹지 말라는 하나님의 명 령을 아담이 어긴 이유도 여기에 있습니다. 에덴동산 가운데 선악을 알게 하는 나무가 있는 것은 하나님이 창조주 되시고, 아담은 피조물 된다는 창조주와 피조물의 현격한 차이에 대한 엄위하신 하나님의 선언이었습니다. 따라서 인간은 그 선악과 를 먹지 않음으로써 하나님이 기뻐하시는 피조물이 되는 삶을 살도록 하셨습니다.

그런데 아담이 그 선악과를 따 먹습니다. "하나님의 통치를 받지 않겠다. 나 스스로 자치를 하겠다. 그래서 나도 하나님처럼 되겠다." 선악과를 따 먹으면 자신도 하나님처럼 되어서 자치를 하고, 더 이상 하나님의 주권적인 통치를 받지 않아도 될 것 같다는 생각에서 따 먹습니다.

그러므로 우리가 육체의 생각을 따라 가는 것, 즉 우리에게서 죄악의 습성과 부패성이 나오는 것은 언제나 인본적 자기 중심의 생각이며, 하나님의 말씀에 지배를 받지 않고, 내게 익숙한 생각과 삶의 방법대로 하겠다는 잘못된 의지에서 나온 것입니다. 이것이 성경이 말하는 육신의 생각입니다.

이 육체의 생각과 이것을 따라 일어나는 정욕과 탐심을 십자가에 못 박지 않고 손에 붙잡고 있을 때는 성령의 열매가 맺힐 수 없습니다. 말씀을 중심으로 하나님을 기쁘시게 하는 선한 의지가 내 안에서 발동하도록, 우리는 정욕과 탐심을 육신의 생각과 함께 뿌리째 십자가에 못 박아야 합니다.

자선행위나 사회사업의 내용이 아니다

성령의 열매를 자선행위나 어려운 사람들을 돌봐주는 사회사업의 개념으로 단순히 취급해서는 안 됩니다. 성령의 아홉 가지 열매 중에서 특히 사랑, 화평, 자비, 양선은 사람들에게 베푸는 선행의 일종으로 생각되어질 수 있습니다.

하나님을 믿지 않고 그리스도 밖에 있는 사람들도 우리보다 얼마나 더 "사랑"을 나누고, 더 "자비"를 베풀고, 더 "양선"을 실천하는지 모릅니다. 그러나 성경이 말하는 성령의 열매는 그런 것들과는 차원이 다릅니다. 자선행위와 사회사업을 하지 말라는 것이 아니라, 그리스도 밖의 사람들이 성령이 충만한 데서 맺혀지는 열매 없이도 행하는 자선이나 선행과 다르다는 것을 말합니다.

그렇다면 그리스도 밖에서 이루어지는 자선이나 사회사업은 무엇일까요? 그들은 하나님의 사랑 밖에서 성령의 열매가 없는데도 불구하고 어떻게 보면 우리보다 더 많은 자선사업과 사회사업과 친절과 봉사를 실천합니다. 그러나 그들의 "선행"은 하나님의 사랑을 근거로 나오는 것이 아니라, 인본적인 박애주의에서 나오는 것입니다. "어려운 사람을 도와주고 싶다. 자선을 하고 싶다"라는 인간중심의 자아성취와 만족, 곧 육체의 생각과 일을 이루기 위해서 끝없이 열심으로 선행과 자선사업을 합니다.

그러나 성령의 열매에서 나오는 것은 무엇입니까? 성령의 인도하심을 받는 마음속에서 일어나는 내적 요소들로서 이타적 성향을 가진 것들입니다. 성령의 지배를 받는 자의 심령에서 일어나는 여러 가지 요소들, 사랑에서부터 절제에 이르기까지 이 열매들의 특성이 결과적으로 다른 사람을 돕고 유익하게 하는 것으로 나타납니다. 다른 사람에게 선행을 베푸는 것 자체가 성령의 열매는 아닙니다.

존귀하고 엄위하신 하나님의 형상이 사람을 창조하실 때 우리 안에 심겨졌습니다. 어떤 사람이 꼭 불쌍해서만 도와주는 것이 아니라, 그 사람 안에 있는 하나님의 형상을 존귀하게 여기기 때문에 도와주는데, 그 사람이 불쌍한 사람인 것입니다. 인본주의적인 박애주의 선행과 크리스천이 나누는 사랑의 실천은 전혀 다릅니다. 우리는 더 고상하고 더 존귀하고 더 지고지순한 사랑, 하나님의 사랑을 근거로 하며, 하나님의 형상을 이유로 하는 선행과 자선을 해야 합니다. 이것이 성령의 열매가 지닌 특성입니다.

2. 성령을 좇아 행하며 사는 삶

"…너희는 성령을 따라 행하라 그리하면 육체의 욕심을 이루지 아니하리라"(갈 5:16). 성령님이 우리 안에 계시니 안심하고 모든 것을 성령님께 맡기라는 것은, "이제부터 당신은 아무것도 하지 않아도 됩니다"라는 말이 아닙니다.

나의 안에 계시며 동행하시는 성령을 좇아가며, 그분이 인도하시는 대로 우리는 행해야 합니다. 성령을 좇아 행하며 살아갈 때 우리는 성령의 열매를 맺을 수 있습니다.

우리는 각자가 지닌 믿음의 분량대로 말씀과 기도를 통해 성령의 인도하심을 따르며, 더욱 장성한 분량의 믿음을 향하여 나아갑니다. 똑같은 장소에서 똑같은 말씀을 듣고 똑같은 시간에 기도를 한 열 사람의 성령 충만의 무게를 만약 달아볼 수 있다면, 아마 서로가 다르게 나타날 것입니다.

성도는 이 세상을 사는 동안에 말씀과 기도로 끊임없이 성령 충만한 생활을 이끌어가야 합니다. 그런데 하나님은 각 사람에게 각기 다른 믿음의 분량을 주십니다. 먼저 된 자도 있고, 나중 된 자도 있고, 먼저 된 자가 나중 될 수도 있고, 나중 된 자가 먼저 될 수도 있습니다.

더불어 하나님은 각 사람마다 고유한 기질과 성품을 갖도록 하셨습니다. 한 사람 한 사람의 유전자가 다 다르게 만드신 것처럼, 동일한 말씀을 가지고 동일한 성령 안에서 기도할 때, 동일한 성령의 인도하심을 받고 지배받을 때, 각자 각자의 믿음이 각기 서로 다 다르게 자라갑니다. 그리스도를 머리로 하여 각각 연결되고 결합되어, 각 지체의 분량대로 행함으로써 교회를 세워나가게 하십니다(엡 4:16).

성령의 열매 아홉 가지도 각각의 양이 다르게 맺힙니다. 어떤 사람은 이것이 많고 저것이 적고, 어떤 사람은 이것이 적고 저것이 많고, 모두 다릅니다. 그래서 많고 적은 것의 차이는 흠이 아닙니다.

죽기 전까지는 믿음의 분량이 모두 달라서 그 믿음의 분량대로 성령 충만을 향하여 나아가다가, 우리 모든 성도가 다 영화로워지는 곳이 바로 천국입니다. 천국에서 우리는 모두 온전하여져서 하나님께 영원토록 영화를 드립니다. 만약 이 세상에 사는 동안 모든 성도가 일사분란하게 똑같다면 참 재미없었을 것입니다. 로봇과 다를 바가 없을 것입니다. 이에 대해 에베소서는 아주 깊은 말을 합니다.

"우리가 다 하나님의 아들을 믿는 것과 아는 일에 하나가 되어 온전한 사람을 이루어 그리스도의 장성한 분량이 충만한 데까지 이르리니"(엡 4:13).

목적은 온전한 사람이 되는 것이며, 목표는 그리스도의 장성한 분량의 충만한 데까지입니다. 그때까지 쉬지 않고, 끊이지 않고, 계속적으로 잇대어서 살아갑니다. 작년에 굉장히 성령 충만해서 열심히 말씀 읽고 기도했으니까 올해는 좀 쉬어도 되는 것이 아닙니다. 끊이지 않고 잇대어서 살 때 저 천성까지도 잇대어집니다. 이것이 찬송가로 부르듯이 "영원에 잇대어 살아가게 하소서"의 고백입니다.

이 땅에서 영원세계에 잇대어 살지 않고, 천국은 죽은 다음에나 관련되는 문제로 생각해서는 안 됩니다. 천국에 가는 것이 믿어진다면 확실히 거기에 소망의 다리를 하나 착 걸쳐놓고 말씀과 기도로 성령 충만하게 계속 잇대어 있어야 합니다. 영원세계를 소망하고 바라며 오늘과 내일을 살아야 합니다.

하나님의 아들을 믿는 것과 아는 일, 곧 말씀을 연구하고 깨닫고 행하는 일에 우리가 하나가 되어야 한다고 에베소서는 말합니다. 아는 것 따로 믿는 것 따로국밥이 아니라, 우리가 말씀을 배워서 알았으면, 그 아는 것이 믿는 것과 하나로 일치가 되어야 합니다. 이것이 성령 충만입니다. 반대로 성경에 대한 지식은 아주 많아서 성경 박사인데, 그 지식이 믿음의 행위로 증거되지 않을 수도 있으니, 그래서는 안 된다는 가르침입니다.

에베소서 4장 13절의 '성령을 좇아 행하며 살면서 성령 충만해지는 것'을 ESV 영어성경은 "mature manhood" 즉 성숙하게 아주 잘 발육된 사람됨으로 기록합니다. 그리고 잘 자란 사람 됨됨이를 판단하는 근거는 이어서 나오는 "the measure of the stature of the fullness of Christ"입니다.

성자 하나님이 사람의 모습으로 오셨습니다. 그분은 완전한 하나님이시면서 완전한 인간이신 그리스도 예수이십니다. 그리고 완전한 인간은 그리스도뿐이십니다. 따라서 우리가 성령 충만한지, 말씀과 기도로 바른 신앙생활을 하는지를 잴 수 있는 척도는 완전한 인간이신 예수님 밖에 없습니다. 그래서 우리가 날마다 말씀과 기도로 영원세계에 잇대어 살아가려고 애쓰는 이 모습이, "충만하신 예수님이라는 잣대"를 가지고 재어 봤을 때 잘 자란 성숙한 사람 됨됨이(mature manhood)가 되어야 합니다.

예수님의 잣대, 완전하신 인간인 그리스도의 잣대, 그리스도의 장성한 분량을 우리가 사용하는 잣대로 삼아 우리 각자를 재어봅시다. 우리가 받은 믿음의 분량대로 자라가 봅시다. 그래서 "최은희는 요만큼"이라고 재어진 오늘의 "요만큼"을 가지고 오늘 하나님을 기쁘시게 해야 합니다. "요것 밖에 안 돼?"가 아니라, 미미하고 더디고 느리지만 자라가며 온전해지고 있는 나의 모습을 바라보며 감사해야 합니다.

색도 예쁘고 육질도 좋고 꿀맛 같은 사과가 열릴 수 있는 나무가 있습니다. 그리고 그 사과나무에 열리는 열매는 모두 사과입니다. 하지만 각각의 사과는 색도 모양도 크기도 맛도 모두 다릅니다. 마찬가지로 각자의 믿음의 분량대로 성령님은 우리를 장성한 분량의 믿음까지 인도하십니다. 그러므로 우리가 그 안에서 해야 할 것은 최상의 맛을 내는 잘 익은 과일이 맺혀지도록, 날마다 말씀과 기도로 애쓰며 살아가는 것입니다. 그것이 성령 충만으로 가는 길이고, 성령의 열매를 맺는 길입니다.

말씀과 기도로 성령 충만한 삶

웬만한 성도라면 다 말씀을 읽고 기도하게 됩니다. 많이 읽고 적게 읽고의 차이가 있겠지만, 주일 성수를 한다면 최소한 주일 예배 중에라도 한 번은 말씀을 읽고 기도를 합니다. 그런데 "말씀과 기도로 성령 충만"하라는 것을 문자적으로만 받아들여 단순히 읽고 기도하는 것을 성령 충만한 삶으로 이해해서는 안 됩니다.

영어에 "cling to"(시 119:31, ESV)라는 표현이 있습니다. "내가 주의 증거들에 매달렸사오니." 아주 착 들러붙은 껌 딱지를 생각나게 하는 표현입니다. 그런데 성경은 이 표현을 사용하여 우리에게 말씀과 기도를 하라고 가르칩니다. 말씀과 기도에 착 붙어 있는 것으로 끝나는 것이 아니라, 완전히 들러붙어서 매달려 있으라고 합니다. 절벽에 매달려 있을 때 손을 놓으면 떨어져 죽는 것을 상상하며, 말씀을 생명줄로 생각하고 떨어지지 않도록 들러붙어 있으라는 것입니다.

또한 빌립보서에는 "strain"(3:13, ESV)이라는 단어가 나옵니다. "…뒤에 있는 것은 잊어버리고 앞에 있는 것을 잡으려고." 아주 꽉 잡는 것인데, 꽉꽉 잡은 다음에 잡아당기는 것을 가리키는 표현입니다.

예수 그리스도 안에서 푯대를 향하여 달려가는 자는 말씀과 기도에 착 들러붙어 매달리고, 손으로 꽉 잡은 것을 얻을 때까지 잡아 당겨야 합니다.

이 두 단어를 생각하면서 우리가 이 정도로 말씀과 기도 앞에 온 열정을 다해야 성령 충만한 자가 된다는 것을 알아야 합니다. 그리고 그렇게 해야 합니다. 초기 단계에는 "너무 힘들다. 어렵다"라고 생각할 수 있습니다. 그러나 말씀과 기도는 능력이라는 것을 꼭 기억해야 합니다. 말씀에 짝 들러붙고 꽉 잡아 당겨서 매달리고, 또 그렇게 기도할 때 우리에게 변화가 일어나고 성령 충만해집니다.

3. 성령의 아홉 가지 열매

성령 충만한 결과 우리에게 얻어지는 성령 충만의 내용이 바로 성령의 열매입니다. 사랑, 희락, 화평, 오래 참음, 자비, 양선, 충성, 온유, 절제, 이 아홉 가지 성령의 열매는 하나님의 성품에서 기인합니다. 우리가 말씀과 기도로 성령 충만하여져 서 성령의 열매를 얻으면, 하나님이 주시는 품성이 우리에게 충만하게 됩니다.

LOVE
사랑

사랑은 어디서 나올까요? 하나님의 사랑입니다. 내가 그 사랑을 가지고 먼저는 하나님을 사랑하고, 그 다음에 이웃을 내 몸과 같이 사랑하고, 또한 나 자신을 하나님의 형상을 지닌 자로서 귀하게 여깁니다. 이처럼 하나님의 사랑으로부터 성령의 열매가 충만하게 시작됩니다.

"우리가 아직 죄인 되었을 때에 그리스도께서 우리를 위하여 죽으심으로 하나님께서 우리에 대한 자기의 사랑을 확증하셨느니라"(롬 5:8).

이 사랑은 그리스도 안에서 확증되어진 하나님의 사랑입니다. 그런데 성령 충만하면 그 사랑이 우리에게 열매 맺힌다고 성경은 말합니다. 자선행위 정도의 인본주의적인 자기만족의 사랑이 아니라, 완전히 보증된 사랑이며, 지고지순한 사랑입니다. 하나님은 이 사랑을 그리스도를 통해서 구원받은 자들에게 넣어주셨고, 우리는 그것을 받았습니다.

하나님의 사랑은 무한하기에, 우리가 받은 그 사랑은 참으로 풍성한 사랑입니다. 그 무한한 사랑이 우리 안에 거하기 때문에 그 풍성함이 에너지가 되어서 우리도 한 마음으로 서로 사랑하게 됩니다. 성령 충만하여져서 우리에게 사랑의 열매가 맺히면 서로 사랑을 나누지 않고는 배길 수 없게 됩니다. 왜냐하면 내 안에서 무한한 사랑의 에너지가 날마다 솟구쳐 나오기 때문에 아름다운 사랑의 실천이 내게서 흘러나오게 됩니다. 하나님을 본 사람은 아무도 없지만, 우리가 서로 사랑할 때 살아계신 하나님은 우리 안에 거하신다는 증거로서 나타나십니다(요일 4:12).

성령이 충만한 자에게서 가장 먼저 나타나는 것은 하나님의 풍성한 사랑입니다. 이 사랑의 물결은 사람이 거부할 수 없습니다. 그 사람의 생각과 말과 행동과 모든 것에서 서로를 사랑하는 마음이 충만하게 나타납니다. 그래서 베드로전서 4장 8절은 일심으로 서로 사랑하여 허다한 죄를 덮어준다고 말합니다. "무엇보다도 뜨겁게 서로 사랑할지니 사랑은 허다한 죄를 덮느니라"(벧전 4:8).

JOY
희락

희락은 기쁜 마음입니다. 우리는 보통 희락을 생각할 때, 인간의 입장에서 기쁜 것을 생각합니다. 그러나 성경은 하나님이 원하시는 모든 것을, 하나님이 행하시는 것이 희락이라고 가르쳐줍니다. 곧 하나님의 기쁨, 하나님이 원하시는 모든 것을 행하셔서 하나님의 선을 나타내시는 것, 하나님의 모든 뜻이 그 뜻대로 섭리대로 이뤄지는 것이 희락, 기쁨입니다.

"오직 우리 하나님은 하늘에 계셔서 원하시는 모든 것을 행하셨나이다"(시 115:3).

하나님의 기쁨의 절정은 예수 그리스도이십니다. 하나님의 아들 예수님이 십자가에서 그리스도의 대속사역을 감당하여

택한 백성을 그들의 죄에서 구원하신 것이 하나님 기쁨의 최고 절정입니다. 그러므로 그리스도의 구속 은혜로 하나님과 화목하게 된 우리에게도 이제 이런 기쁨이 희락으로 충만하게 일어납니다.

"예수를 너희가 보지 못하였으나 사랑하는도다 이제도 보지 못하나 믿고 말할 수 없는 영광스러운 즐거움으로 기뻐하니"(벧전 1:8).

하나님의 기쁨으로 인해 우리에게 오는 기쁨은 그리스도 예수 안에서 얻어집니다. 구원받은 것에 대한 희락, 새 생명의 삶에 대한 감격입니다. 내가 바라던 취직이 되고, 대학에 가고, 사업이 잘 되어서 오는 기쁨도 물론 우리가 살면서 얻게 됩니다. 육체의 욕망에서부터 일상의 필요한 것들과 거룩한 소원을 이루는 것까지 우리가 기쁨을 얻는 이유는 다양합니다.

그러나 이보다 더 근원적인 기쁨은 예수 그리스도를 절정으로 하여 이루어진 하나님의 뜻과 하나님의 사랑을 우리가 알고 믿을 때, 그 예수 그리스도를 통해서 우리에게 오는 기쁨입니다. 하나님의 자녀가 되고, 그리스도와 함께 하나님의 상속자가 되어 영광에 동참하는 희락은 우리를 그리스도의 남은 고난에도 기쁨으로 동참하게 합니다(롬 8:17). 이처럼 예수 그리스도 안에서 하나님의 영광을 보고 기뻐하는, 이루 말할 수 없는 기쁨이 성령의 열매가 주는 기쁨, 희락입니다.

이렇게 보다 차원이 높고 더 본질적인 기쁨을 가진 자에게 세상을 사는 동안 어찌 여타의 기쁨이 없을 수 있겠습니까? 본질의 것이 해결되면 부수적인 것은 자동적으로 따라오게 됩니다. 성령의 열매가 우리에게 맺혀지는 모습은 모두 공통적으로 이런 단계를 거치게 됩니다.

하나님이 그리스도를 통해 우리에게 주신 아가페의 사랑, 그 본질적인 사랑이 우리 안에 충만하기 때문에, 친구 간에, 이웃 간에, 이성 간에, 가족 간에 나누는 이 모든 사랑이 우리에게 당연히 오게 됩니다.

희락도 마찬가지로 예수 그리스도를 절정으로 하여 하나님이 보이시는 그 기쁨을 만날 때, 기쁨의 본체이신 예수를 믿음으로 하나님의 영광을 볼 때, 느끼게 되는 본질적인 희락입니다! 이것이 우리에게 충만하게 되면 우리의 삶은 날마다 희락이 넘치는 삶으로 변화됩니다. 구원받았다는 보증수표를 자랑할 때 나 자신에게도 세상에게도 희락이 넘쳐나게 됩니다.

하지만 지나온 삶을 통해 우리 몸에 배어버린 습관은 참 고질병과도 같습니다. 생각과 마음은 희락을 누리며 기뻐하려고 하지만, 늘상 하던 대로 짜증내는 말투로 대하고, 양미간에 주름을 잡으며 찡그리고, 불만은 여전히 마음을 불쾌하게 짓누릅니다. 그래서 우리에게는 희락을 누리기 위한 의도적인 연습과 실천이 날마다 필요합니다.

입술을 양쪽 귀에 걸고 웃음을 지으며 심령의 깊은 곳으로부터 주님이 주신 희락을 끌어올려야 합니다. 남들에게뿐 아니라, 습관대로 함부로 말하며 행동하게 되는 나의 가족에게도 먼저 기뻐하며 웃는 얼굴로 대해야 합니다. 기쁨을 누리는 마음과 표정과 말과 행동을 마음먹고 연습하여 희락을 누리는 삶을 시작해야 합니다.

이런 연습을 통하여 그리스도로 인한 희락이 넘치면 우리는 범사에 감사하게 됩니다. 기뻐할 수 없는 상황에서도 주님으로부터 오는 본질적 희락으로 인해 항상 기뻐할 수 있게 됩니다(살후 5:16). 주 안에서 항상 기뻐하며 범사에 감사하는 복된 자녀로 사는 것이 우리를 향한 하나님의 뜻입니다(살후 5:18).

웨스트민스터 소요리문답 제1문에서 "사람의 제일된 목적은 무엇입니까?"라고 물을 때, 우리는 "하나님을 영화롭게 하고 그를 영원토록 즐거워하는 것입니다"라고 대답합니다. 희락이 있기 때문에 우리는 기뻐하며 즐거워할 수밖에 없습니다. 이런 희락이 성령의 열매로 우리에게 맺혀집니다.

그런데 하나님의 말씀을 배우고 깊이 묵상하지 않는다면 이 모든 것을 얻을 수 없습니다. 사랑의 근원이 하나님이시고, 사랑의 본질이 하나님이시라는 것을 모르면, 우리에게서 사랑이 나올 수 없습니다. 그리스도 밖의 세상 사람들이 행하는 자선적이고 인본주의적인 사랑, 감성의 육체적 사랑, 자기 자식과 자기 가족을 사랑하는 본능적인 사랑밖에 모르게 됩니다.

그러나 사랑의 근원이신 하나님을 깊이 알고, 구원의 본체이신 예수님을 통한 희락을 깨닫게 되면, 우리는 본질적이고 지고지순한 사랑을 가지고 인본주의적이고 본능적이고 육체적인 사랑을 다스릴 수 있게 됩니다. 하나님이 주신 사랑의 그릇을 희락의 아름다움으로 색칠하는 복을 누리게 됩니다. 항상 기뻐하는 가운데 범사에 감사하는 노래가 우리에게서 흘러나오게 됩니다. 성령 충만으로 희락의 열매를 맺게 됩니다.

PEACE
화평

화평도 하나님에게서 오는 것입니다. 하나님과 원수 되었던 우리 죄인들을 예수 그리스도께서 화목하게 하셨습니다. 첫 사람 아담이 선악과를 따 먹은 타락 사건 이후로, 하나님과 우리의 관계는 죄 때문에 단절되어지고, 하나님과 우리 사이에는 죄의 담으로 막혀 교제할 수 없게 되었습니다. 하나님 앞에

갈 수 없던 우리는 십자가 대속의 예수 그리스도를 통해 하나님과 화평하게 되었습니다. 하나님과 우리 사이의 막힌 담을 헐어주셨습니다. 이것이 화평입니다.

"그는 우리의 화평이신지라 둘로 하나를 만드사 원수된 것 곧 중간에 막힌 담을 자기 육체로 허시고"(엡 2:14).

그러므로 예수 그리스도를 통해서 화평하게 된 우리가, 제일 먼저 누려야 하는 화평은 누구와 누리는 화평일까요? 하나님과의 화평입니다. 하나님으로부터 공급받는 평화입니다. 그런데 그 평화를 누리지 못하는 자는 다른 어떤 사람과도 화평을 누릴 수 없습니다.

참으로 안타까운 것은, 예수를 믿으면서도 하나님으로부터 오는 화평을 모르는 사람들입니다. 예수님이 회복시켜주신 화평의 상태를 누리지 못하는 사람들입니다. 그래서 하나님을 믿는 것이 항상 부담이 되고, 예배와 신앙생활 때문에 시간만 빼앗기는 것 같고 짜증이 납니다. 분명히 잘못된 것입니다.

그렇지만 하나님의 말씀을 바로 배워서 믿음의 깊이를 더하다 보면, 예수 그리스도 때문에 하나님으로부터 공급되는 오리지널 화평, 진짜배기 평화를 누리게 됩니다. 그렇게 되면 범사에 감사할 수 있고, 항상 기뻐할 수 있게 됩니다. 하나님과의 화평을 누리는 것이 우리가 화평을 누리는 첫 출발입니다.

"그러므로 우리가 믿음으로 의롭다 하심을 받았으니 우리 주 예수 그리스도로 말미암아 하나님과 화평을 누리자"(롬 5:1).

하나님과 화평을 누리게 되면, 그 평화가 우리의 생각과 마음을 지켜줍니다. 모든 지각에 뛰어난 하나님의 평강, 즉 우리가 보고 느끼고 알고 깨닫고 판단하는 모든 것을 다 지배하는 초월적인 하나님의 평강입니다. 처해진 사건과 상황 속에서 괴로운 것은 피해가며, 즐거운 것을 즐거워하고, 만족스러운 것을 만족해하는 것에서 오는 평강이 아닙니다. 하나님에게서 오는 평강은 초월적인 것으로서 우리를 압도합니다.

그 평강이 우리에게 오게 되면, 우리의 마음과 생각을 지켜줍니다. 보디가드가 경호(guard)해주는 것과 같이, 하나님의 참

평강을 공급받고 누리는 자는 생각과 말과 마음까지도 안전하게 해주시고, 계속해서 안전한 길, 평강의 길로 가도록 경호해 주십니다.

찬송가 "내 평생에 가는 길"의 작사자 스패포드(H. Spafford)는 하늘에서 내려오는 이런 평화를 알았기에, 배가 난파되어 네 딸을 잃고 난 뒤에도 비극의 바다에서 이처럼 아름다운 찬송을 부를 수 있었습니다.

"내 평생에 가는 길 순탄하여 늘 잔잔한 강 같든지
큰 풍파로 무섭고 어렵든지 나의 영혼은 늘 편하다
내 영혼 평안해 내 영혼 내 영혼 평안해."

저는 오랜 세월 예수를 믿으면서도 하나님의 평강을 깊이 깨닫지 못했습니다. 그래서 "자기 복이나 받고, 자기 평강이나 누리려고 예수를 믿나"라고 하며, "내게 강 같은 평화"를 달라는 것은 아주 이기적이고 유치한 신앙인 줄로 알았습니다. 그래서 평강이라는 단어를 의도적으로 내 입에서 나오지 않게 하려 했습니다. 그러다 말씀을 묵상하던 중 얼마 전부터 이 평화, 이 평강이 얼마나 귀중한 것인지를 알게 되었습니다. 내가 그리스도의 사람이라는 증거가 곧 평강을 누리는 것인데도, 평강에 대해 잘못 알고는 인위적으로 무시했다는 것을 깨닫고, 회개하게 되었습니다.

"내 영혼에 평화가 넘쳐 남은 주의 큰 복을 받음이라
내가 주야로 주님과 함께 있어 내 영혼이 편히 쉬네
평화 평화로다 하늘 위에서 내려오네
그 사랑의 물결이 영원토록 내 영혼을 덮으소서."

이렇게 하나님으로부터 오는 화평을 누리게 되면 이웃과의 화평은 아주 자연스러운 것이 됩니다. 이웃이나 다른 사람들과 화평하면서 살기를 원치 않는 사람은 아무도 없습니다. 다 화평한 관계를 누리며 살기 원합니다. 그렇다면 이웃과 화평을 얻은 결과 나에게는 무엇이 올까요? 다툼이 없는 평안함과 좋은 관계 유지는 나에게 무엇을 가져올까요? 여러 가지 유익이 옵니다. 그러나 화평의 목적이 나의 유익을 얻기 위한 것이라면, 이는 성경에서 말하는 화평이 아닙니다. 그저 우리의 지각으로 판단해서 내 몸에 좋고 내 삶에 유익한 것이니까 "좋은 게 좋으니까 화평을 유지해야겠다" 하는 것이 아닙니다.

"하나님의 나라는 먹는 것과 마시는 것이 아니요 오직 성령 안에 있는 의와 평강과 희락이라. 이로써 그리스도를 섬기는 자는 하나님을 기쁘시게 하며 사람에게도 칭찬을 받느니라. 그러므로 우리가 화평의 일과 서로 덕을 세우는 일을 힘쓰나니"(롬 14:17-19).

먹는 것과 마시는 것을 위해서 이웃과 화평을 하는 것이 아닙니다. 성령 안에서 의로움과 평강과 희락이 우리를 주관하기 때문에, 우리가 하나님이 기뻐하시는 자라는 것을 스스로 느끼고 자각하고 나타내기 위함입니다. 이렇게 할 때 하나님으로부터 오는 화평을 나의 이웃들도 또한 알게 됩니다.

모든 인간의 지각을 초월하고 뛰어넘는 하나님의 평강이 우리의 마음과 생각을 지켜줍니다(빌 4:7). 따라서 내가 계산한 유익을 얻기 위해서 이웃과 화평을 나누는 것이 아니라, 하나님의 충만한 평강을 내가 누리고 있기 때문에, 하나님을 섬기는 내 모습을 사람들이 보고서 "보기만 해도 참 은혜가 넘쳐"라는 말을 하게 됩니다.

우물을 팔 때마다 물을 얻고 농사를 지으면 백배나 얻어 부자가 된 이삭은, 하나님으로부터 공급받는 평강과 도우심을 누리며 사는 사람이었습니다. 이런 이삭에게 블레셋 왕 아비멜렉이 찾아와서 말합니다. "여호와께서 너와 함께 계심을 우리가 분명히 보았으니, 우리와 너 사이에 맹세하여 화평의 계약을 맺자!"(창 26:23-33).

이처럼 하나님이 주시는 평강으로 인해서, 그리고 하나님을 기쁘시게 하는 나의 모습을 통해서, 자동 빵으로 이웃과의 화평이 이루어지도록 해야 합니다. 내 삶의 모습은 이웃 사람들에게 하나님이 나를 보고 기뻐하신다는 증거가 됩니다. 하늘로부터 내려오는 오리지널 평강을 누리는 사람은 이웃에게 칭찬을 받습니다. 그래서 예수님은 산상수훈에서 이렇게 말씀하십니다.

"화평하게 하는 자는 복이 있나니 그들이 하나님의 아들이라 일컬음을 받을 것임이요"(마 5:9).

예수님이 열거하시는 복 중에 다른 복들은 위로를 받고 땅을 기업으로 받는데, 죄인들에게 예수 구원의 복음을 전하고 그 사람들로 하여금 하나님과 화평하게 하는 자는 하나님의 아들이라 일컬음을 받는 복을 받는다고 하십니다. 이것처럼 엄청난 최고의 권세가 어디 있을까요? 내가 이 땅, 이 세상에 사는 동안 세상 사람들이 나를 보고 "하나님의 아들이다. 하나님의 자녀다"라고 불러준다고 합니다. 이것이 바로 "나는 평강이 넘치는 하나님의 자녀다"라는 증거입니다.

PATIENCE

오래 참음

오래 참음도 하나님의 성품입니다. 하나님이 우리를 얼마나 오래도록 기다리십니까? 구원받을 때까지 오랫동안 계속적으로 우리를 복음으로 불러서 구원하시고, 구원하신 후에도 죄의 습성에 젖어 연약 가운데 있는 우리가 회개하도록 하나님이 얼마나 참으며 기다리십니까? 날마다 거룩한 모습으로 변화시키시기 위해서 또 얼마나 기다리십니까? 그리고 온 세상을 향하여서도 하나님은 오래 참으십니다.

회개하고 돌아올 때까지 기다리시는 하나님의 오래 참으심이 이제 성령 충만한 우리에게도 풍성히 나타납니다. 오래 참으시는 하나님을 내가 믿고 구원받았습니다. 그 하나님의 오래 참으심으로 인해 내가 이렇게 하나님의 자녀가 되었습니다. 그래서 내 안에는 그 오래 참음이 배어 있습니다. 나 자신과 다른 사람들에 대해서 그리고 여러 가지 사건과 복음의 일과 세상일에 대해서도 오래 참을 수 있는 생각과 언행이 나에게서 나오게 됩니다. 그리고 이 오래 참음은 타인을 향한 관용으로 나타납니다.

"혹 네가 하나님의 인자하심이 너를 인도하여 회개하게 하심을 알지 못하여 그의 인자하심과 용납하심과 길이 참으심이 풍성함을 멸시하느냐"(롬 2:4).

관용(tolerance)이란 단어를 어학사전에서 찾아보면 다른 사람이 실수를 하거나 잘못한 것에 대한 반응으로 눈을 감아주는 것이라고 설명합니다. 잘못하고 실수한 것을 모른 척하거나, 잘못한 것을 그릇되게 평가하는 것이 아니라, 상대방의 부족함이나 잘못에 대한 평가는 바로 하되 용납하고 용서해주는 것을 뜻합니다.

오래 참음은 관용과 밀접한 관계가 있습니다. 오래 참기 때문에 관용할 수 있습니다.

하나님의 오래 참으심이 우리 안에 충만하기 때문에, 우리도 타인을 향하여서 오래 참아야 합니다. 그리고 그 모습은 관용이라는 내용으로 표현되어야 합니다.

관용으로 나타나는 우리의 오래 참음은 될 대로 되겠지 하며 시간이 지날 때까지 막연히 기다리는 것이 아닙니다. 오직 덕을 세우기 위하여 경우에 합당한 태도를 가지고 사람들에게 은혜를 끼치도록 애쓰면서 기다리는 것입니다. 때론 이 오래 참음의 결과가 우리가 생각한 것과 전혀 다르게 결론지어질 수도 있지만, 모든 것이 합력하여 하나님의 선을 이룬다는 것을 믿음으로 바라보아야 합니다.

믿음으로 노아는 120년 후에 있을 홍수 심판의 경고를 받고 하나님을 경외함으로 방주를 준비하였습니다(히 11:7). 그는 막연히 인내하며 120년을 기다린 것이 아니라, 하나님의 의를 선포하며 방주를 지었습니다(벧후 2:5). 죄를 간과할 수 없는 거룩하신 하나님의 공의로 죄를 심판하시는 일에 있어서, 하나님의 무한한 사랑으로 얼마나 오래 참으시는가를 노아는 알고 있었습니다. 그래서 죄가 가득한 세상에서 받는 고통 중에도 자기 삶을 인내하며 홍수심판으로 죄가 없어질 정결한 세상을 소망하며 살았습니다. 노아는 막연히 120년을 보낸 것이 아니라, 하나님의 공의로 세상을 정죄하고 믿음을 따르는 의의 상속자가 되는 준비를 하며 오래 참았습니다.

우리의 오래 참음은, 하나님이 기뻐하시는 일을 위하여 모든 성도를 온전하게 하는 사랑의 줄로 묶여진 모습으로 나타나야 합니다. 그래서 성경은 하나님의 사랑이라는 뿌리로부터 연관된 유기적 관계로서 성령의 열매 모두를 옷 입으라고 합니다.

"그러므로 너희는 하나님이 택하사 거룩하고 사랑받는 자처럼 긍휼과 자비와 겸손과 온유와 오래 참음을 옷 입고 누가 누구에게 불만이 있거든 서로 용납하여 피차 용서하되 주께서 너희를 용서하신 것같이 너희도 그리하고 이 모든 것 위에 사랑을 더하라 이는 온전하게 매는 띠니라"(골 3:12-14).

KINDNESS

자비

"하나님은 사랑이시다"라고 할 때, 그 사랑에는 하나님의 은혜, 긍휼, 자비, 오래 참으심과 신실하심이 있습니다.

은혜는, 하나님의 사랑이 예수 그리스도를 통해서 죄인에게 값을 받지 않고 죄를 용서하시고 죄의 문제를 거저 해결해주시는 것입니다. 긍휼은, 죄의 결과로 일어나는 여러 가지 비참하고 처절한 상태에 죄인이 있는 것을 불쌍히 여기시는 것입니다. 자비는, 죄 때문에 비참한 상태에 있는 것을 불쌍히 여기신 하나님이 죄의 비참한 상태에서 죄인을 건져내시고, 비참한 상태의 문제를 해결해주시고, 도움을 주시는 것입니다. 하나님 은혜의 지극히 풍성함을 보여주는 것이 자비입니다. 그리고 성령이 충만한 결과 자비라는 열매가 우리에게도 맺힙니다.

"이는 그리스도 예수 안에서 우리에게 자비하심으로써 그 은혜의 지극히 풍성함을 오는 여러 세대에 나타내려 하심이라"(엡 2:7).

하나님의 자비가 우리에게 왔습니다. 그런데 그 자비는 내가 어떤 의로운 행동을 해서 받은 것이 아니라, 하나님의 사랑이 무조건적으로, 주권적으로 나를 불쌍히 여겨서 주신 것입니다.

하나님이 무조건적으로 주신 그 자비가 내 안에 풍성히 임했는데, 나는 그 자비로 인해 무엇을 생각하며 어떻게 해야 할까요? 세상을 향하여서, 이웃을 향하여서 불쌍히 여기고, 불쌍한 상태에 있는 그들의 문제를 해결해주고자 하는 마음이 나에게서 나와야 합니다.

"서로 친절하게 하며 불쌍히 여기며 서로 용서하기를 하나님이 그리스도 안에서 너희를 용서하심과 같이 하라"(엡 4:32).

이처럼 성경은 서로서로를 불쌍히 여기면서, 서로 자비를 베풀고, 서로 용서하고 친절하라고 합니다. 따라서 만약 "나는 다른 사람한테서 도움을 받을 필요가 없다"고 한다면 이는 교만입니다.

자비는 친절과 연관됩니다. 내가 만족하기 위해서 베푸는 행위가 아니라, 상대방에게 필요한 것을 좋은 내용으로 충족시켜주기 위해서 하는 것이 친절입니다. 그래서 누군가가 필요로 하는 것들을 베푸는 친절은 양선과도 관계가 있습니다.

자비에서 또한 배려가 나오고 양보도 나옵니다. 젓가락이 없으면 먹지 못하는 음식이 있습니다. 배가 고픈 두 명이 음식을 먹으려고 하는데, 한 명이 젓가락을 찾지 못하고 있습니다. 배가 고파 빨리 먹고 싶지만, 잠시 참고 젓가락을 찾아주어 "드세요"하고 도와주는 것이 친절입니다.

이번에는 두 명이 같이 음식을 먹으려고 하는데 젓가락이 하나밖에 없습니다. 그래서 "네가 먹어"하며, 내 젓가락을 상대방에게 주는 것이 양보입니다.

배려는 상대방을 고려해주는 것입니다. 손으로 음식을 먹는 문화를 지닌 사람이 젓가락을 보고 당황해 할 때, 젓가락이 있지만 나도 손으로 음식을 먹는 것이 배려입니다. 자비롭게 행동하는 것은 상대방이 꼭 비참한 상태에 있어야 한다는 것만을 뜻하지 않습니다. 이처럼 서로서로의 것들을 용납하는 것입니다.

그러나 다른 사람에게 필요한 것을 채워주고 도와줬다고 해서 무조건 자비가 될 수 있는 것은 아닙니다. 우리는 여기서 도덕적 선을 추구해야 합니다. 베풂과 행함의 목적과 방법이 도덕적으로 선이 되어야 하고, 더 나아가서 신앙의 선이 되어야 하고, 궁극적으로는 하나님이 기뻐하시는 것이 되어야 합니다.

자비를 베풀고 서로 배려하고 화목하고 다 좋았는데, 하나님이 기뻐하시는 것이 아니었다면 안 됩니다. 만약 친구가 주일성수를 할 수 없는 상황인 것을 보고, 그 사람이 혼자서 민망해할까 봐 나도 같이 주일성수를 하지 않는다면 이것은 배려가 아닙니다.

자비가 추구해야 할 도덕적 선의 근거는 하나님이 우리를 그리스도 안에서 용서하신 것을 내용으로 합니다. 하나님이 그리스도 안에서 우리를 용서하신 목적이 무엇입니까? 하나님을 기쁘시게 하는 사람으로 변화시키기 위해서입니다. 우리가 죄인 된 상태에서는 하나님을 기쁘시게 할 수 없기 때문입니다. 이처럼 그리스도 안에서 하나님이 우리를 불쌍히 여기고 구속하고 용서하신 것처럼, 우리도 서로를 불쌍히 여기며 자비를 베풀어야 합니다. 우리가 행하는 자비는 나의 이웃이 사랑의 하나님을 더욱 친근하게 만나는 통로가 됩니다.

GOODNESS
양선

양선은 좋은 것, 선한 것을 주는 것입니다.

"내 형제들아 너희가 스스로 선함이 가득하고 모든 지식이 차서 능히 서로 권하는 자임을 나도 확신하노라"(롬 15:14).

선함이 가득하고 모든 지식이 충만하여, 서로 격려하고 충고하고 가르쳐주는 것이 양선이라고 성경은 가르칩니다. 그런데 이 말씀을 깊이 묵상하지 않으면 오해하기 딱 쉽습니다.

양선이란 선한 것을 베푸는 것인데, 내 안에 선한 것이 있어야 선한 것을 베풀 수 있습니다. 그러면 어떻게 내 안에서 선한 것이 나올 수 있을까요? 성경은 모든 지식이 내 안에 가득차있을 때 선한 것이 나온다고 말합니다.

모든 지식이란 구원의 진리를 아는 것과 하나님을 믿는 믿음에 관한 것입니다. 그리고 그 믿음 안에서 배운 말씀대로 나의 신앙과 행위를 일치시키는 지식입니다. 그래서 구원의 신앙과 행위의 일치가 되도록 하는 모든 지식이 충만할 때 내 안에 선한 것이 생기게 됩니다.

선한 것은 무엇일까요? 사람에게 좋은 것이 아니라, 하나님이 기뻐하시는 것이 선한 것입니다. 선한 분은 오직 하나님 밖에 없습니다. 아무리 모든 사람이 보기에 좋다고 해도 하나님이 기뻐하시지 않는 것이라면 그것은 선이 아닙니다. 이 세상 대부분의 사람들이 싫다고 해도 하나님이 기뻐하시면 그것은 선입니다. "내가 정말 좋아하는 거야. 진짜로 좋은 거야. 너에게 정말로 주고 싶었어." 하지만 그것이 구원과 신행일치에 관하여 가르치는 성경의 지식에 합당한 것이 아니라면, 그것은 좋은 것이 아니며 양선이 아닙니다.

또한 양선은 내 안에 가득한 선함을 가지고 서로 격려하고 말씀에 따라 충고하는 것입니다. 상대방이 조금 못 미치거나 부족할 때, 격려하고 힘을 주고 위로해줍니다. 다른 사람이 구원과 신행일치의 가르침을 모른 척하거나 뒤로 미룰 때, 양선을 가지고 선한 방법으로 충고와 훈계를 해줍니다. 단순히 어떤 사람이 필요로 하는 물질을 나눠주는 행위만이 양선은 아닙니다.

하나님을 모르는 사람들에게는 구원의 복음을 전하고, 성도에게는 하나님을 기쁘시게 하는 길을 찾으며 서로서로 인도하는 것이 양선입니다. 우리는 그리스도 예수 안에서 선한 일을 위하여 지음을 받았습니다(엡 2:10).

FAITHFULNESS
충성

충성은 권세 있는 자에게 "무엇이든 말씀만 하십쇼! 충성!" 하는 것이 아니라, 신실함(faithfulness)을 뜻합니다. 변함없이 처음부터 끝까지 초지일관, 먼저는 우리 주 하나님께 그리고 교회 앞에, 또 성도들과 나 자신에게 신실한 것이 충성입니다.

신실함도 하나님의 속성, 성품입니다. 하나님의 신실하심 때문에 우리는 하나님의 용서를 받았습니다. 우리에게 하신 언약을 하나님께서 끝까지 신실하게 이행하시기 때문에 우리는 소망을 갖고 낙심하지 않으며 살아갈 수 있습니다.

충성과 연계하여 우리 신앙의 모습을 숫자로 생각해볼 수 있습니다. 믿음의 분량대로 어떤 사람에게는 10, 어떤 사람에게는 5, 어떤 사람에게는 2의 신앙생활을 주님이 주셨습니다. 만약 내 분량이 10이라면 나는 늘 10의 수고를 해야 합니다. 내 분량이 5라면 늘 5를 감당해야 합니다. 그런데 내 분량이

10인데, 어떤 때는 5를 했다가, 어떤 때는 2, 어떤 때는 -5일 때가 있습니다.

10을 받은 사람이라면 변함없는 모습으로 게으르지 않게 10의 분량을 다 하도록 수고하는 것이 충성이고, 그렇지 않는 것이 불충성입니다. 신실함으로 충성하는 사람은 자기가 받은 분량을 남의 것과 비교하며 투덜거리지 않습니다. "하나님 앞에 충성하라. 교회 앞에 충성하라"는 말에 대해서 우리는 이런 깊은 의미를 가지고 이해해야 합니다. 그렇게 할 때 주님은 우리에게 착하고 충성된 종이라며 잘했다고 칭찬해주십니다(마 25:21).

하나님의 신실하심이 우리 안에 충만하기 때문에 우리는 성령의 열매를 맺으며 신실하게 살 수 있습니다. 신실하다는 것은 참되고 거짓 없고 변함없는 것입니다. 시작과 끝이 한결 같은 것, 겉과 속이 똑같은 것(sincere)입니다.

타던 자동차를 중고로 파는데, 일전에 접촉사고로 고장 났던 부분을 수리해서 보기 좋게 만들었습니다. 자동차를 사는 사람에게 "이 부분은 고장이 났었는데 수리를 잘 해서, 지금은 문제가 없습니다"라고 말을 하고 파는 것이 신실한 것입니다. 아무 말도 하지 않고 "모르겠지" 하며 파는 것은 신실하지 않은 것입니다.

하나님의 신실하심 때문에, 우리도 우리 이웃을 향하여 늘 변함없고 거짓 없이 신실해야 합니다. 그렇게 할 때 세상 사람들에게도 하나님의 교훈을 빛내는 자가 될 수 있습니다.

"훔치지 말고 오히려 모든 참된 신실성을 나타내게 하라 이는 범사에 우리 구주 하나님의 교훈을 빛나게 하려 함이라"(딛 2:10).

개역한글 성경에는 더 멋진 표현이 나옵니다. "떼어먹지 말고." 아주 적나라한 표현입니다. 훔치는 것과 좀 다릅니다. 떼어먹지 않는 것이 신실한 충성이며, 성령의 열매를 가진 자의 모습입니다.

주인이 청지기에게 일을 맡기고 갑니다. 그런데 주인이 돌아와서 결산서를 보고 확인하기 전까지 수입과 지출을 맞춰놓을 수 있다는 속셈으로 청지기는 얼마든지 자기 수완껏 주인의 재산을 떼어먹을 수 있습니다. 그러나 그것은 신실한 것이 아니니, 떼어먹지 말고 참되게 신실함을 나타내라고 합니다.

구원의 은혜를 받은 우리는 모두 복음에 빚진 자들입니다(롬 1:14). 이 빚을 떼어먹지 말고 오직 신실한 충성을 다함으로, 우리는 하나님의 교훈을 빛나게 해야 합니다. 그런데 주님이 베푸신 복음의 은혜 앞에서 우리가 충성의 깃발을 들고 나아갈 때면, 때로 고난과 궁핍이 찾아올 수도 있습니다. 이때 신실하신 주님을 신뢰하며 두려워하지 않고 변함없이 계속 전진하는 것이 충성입니다. 그런 우리에게 주님은 우리의 형편을 다 안다고 하시며 "생명의 면류관을 바라보고 죽도록 충성하라!"는 말로 격려해주십니다(계 2:9-10).

GENTLENESS
온유

온유는 특별히 자비와 유기적인 관계가 있습니다. 허물에 대해 지혜롭고 규모 있게 반응을 하는 것이 온유입니다. 허물에 관하여 자기 자신뿐만 아니라 이웃에 대해서도 우리는 온유해야 합니다. 온유도 하나님께로부터 오는 것입니다.

구원을 받았음에도 불구하고 죄로 인한 허물이 우리에게 얼마나 많습니까? 말씀이 우리에게 충만하게 있는데도 불구하고 그 말씀에 온전히 지배받지 못하는 우리의 모습이 얼마나 비참합니까? 그런데 그 허물에 대해서 "너! 최은희, 어제 그 말씀 네가 가르치더니, 오늘은 왜 안 지키냐?" 하고 일일이 낱낱이 하나님이 물으시고 따지고 야단치신다면 견딜 수가 없을 것입니다.

그렇다고 해서 우리가 말씀을 지키지 않은 것에 대해 하나님이 모르는 척 하거나 지나쳐버리신다는 것은 아닙니다. 하나님은 반드시 내가 그 문제에 대해 느끼고 찔리게 하십니다. 그런데 하나님의 그 방법이 온유라는 것입니다. 온유는 허물 있는 자에게 은혜가 되어 그를 변하게 합니다. 하나님으로부터 오는 이런 온유가 우리에게도 있어야 합니다.

오래 참음, 자비, 온유는 모르는 척하며 덮어두고 가라는 것이 아닙니다. 분명히 그 허물이 있는 자, 게으른 자, 영적인 잠을 자는 자에게 그들의 문제를 알도록 깨우쳐줍니다. 격려하고 충고합니다. 선한 것이 무엇인지 분명히 가르쳐줍니다. 잠을 자는 자에게 일어나라고 경고합니다. 그런데 그 근거는 자비이고, 그 방법은 온유입니다.

온유한 것은 관용이라는 말로 설명할 수 있습니다.

"주의 종은 마땅히 다투지 아니하고 모든 사람에 대하여 온유하며 가르치기를 잘하며 참으며 거역하는 자를 온유함으로 훈계할지니 혹 하나님이 그들에게 회개함을 주사 진리를 알게 하실까 하며"(딤후 2:24-25).

다른 사람이 잘못한 것을 가르쳐주고 알려주고 충고할 때,

그 방법이 온유하지 않으면 다툼이 일어납니다. 그렇게 되면 배려해주거나 불쌍히 여기는 마음의 전달이 삭감될 수 있습니다. 그래서 성경은 잘 가르치라고 합니다. 온유한 방법에 대해 예수님은 어떻게 하셨는지, 신앙의 선진들은 어떻게 했는지를 생각하며, 성경 말씀을 통해 지혜를 얻는 것이 아주 좋습니다.

"너는 지금 영적인 잠을 자고 있어"라고 알려주는 것만으로 끝내버린 후, 그 사람이 영적인 잠에서 실제로 깨어났는지, 아니면 마음이 더 상해서 뒤집어쓰고 더 깊은 잠속으로 들어가버렸는지 상관하지 않는다면, 그것은 자기가 알고 있는 것을 말하기만 좋아하는 것입니다. 자기의에 도취된 잘못된 충고입니다. 문제의 자리에서 떨치고 나올 수 있도록 끝까지 돌아봐주는 것이 온유한 사람의 행위입니다.

온유한 자는 잘 가르칩니다. 상대편에게 일방적으로 단언하는 것이 아니라, 그 사람이 어떻게 반응하는지 주의하며(피드백) 태도를 살피면서 가르칩니다. 이것이 온유입니다.

디모데후서 2장 25절의 말씀대로, 충고를 받은 자, 찔림을 받은 자가 회개하게 하기 위해서, 말씀에 지배받는 경건한 자로 변화되게 하기 위해서, 진리를 받아들여 하나님을 더 알고 하나님께 더 가까이 가게 하기 위해서, 우리는 온유해야 합니다. 죄인이 예수 그리스도를 믿고 구원받게 하는 것에서부터, 하나님을 더 깊이 알고, 하나님의 평강을 더욱 누리고, 성령이 충만한 자가 되게 하는 것까지 우리는 허물 있는 자에 대해서 지혜롭고 규모 있는 반응으로 온유함을 보여야 합니다.

이러한 온유는 먼저 내가 나를 돌아보는 데서부터 출발합니다. 내가 어떤 처지에 있는지를 깨닫고 나면 다른 사람에게 온유할 수밖에 없습니다. 나의 연약과 미련과 허물에도 불구하고, 하나님은 나에 대해 오래 참으시고 관용을 베푸시고 자비를 베푸셔서, 어제보다 오늘의 내가 더 나아지게 하시기 때문입니다. 그로 인해 오늘보다 내일 더 거룩한 변화가 일어날 것을 소망할 때, 나는 허물이 있는 다른 사람들을 용납하며 용서하고 관용을 베풀며 온유할 수밖에 없습니다. 오래 참으면서, 자비롭게, 참되고 좋은 것을 줄 수밖에 없습니다.

"형제들아 사람이 만일 무슨 범죄한 일이 드러나거든 신령한 너희는 온유한 심령으로 그러한 자를 바로잡고 너 자신을 살펴보아 너도 시험을 받을까 두려워하라"(갈 6:1).

이처럼 온유한 심령으로 다른 사람을 바로잡는 것은 나 자신까지도 미련함과 범죄함의 시험에서 넘어지지 않게 보호하는 유익을 얻게 합니다.

SELF-CONTROL
절제

우리가 지금까지 이야기한 성령의 모든 열매가 규모 있게 서로 조화를 이루도록 하는 것이 성경이 가르치는 절제, 셀프 컨트롤(self-control)입니다.

절제는 각자 자기 믿음의 분량대로 하는 것입니다. 우리는 사람이 지녀야 할 덕목의 수준을 모든 사람에게 일률적으로 적용하여 요구할 수 없습니다. 한 살이 되어 이제 막 걸음마를

배우는 아이에게 요구되는 절제와 초등학생이나 성인이 된 성도나 목사에게 요구되는 절제는 모두 다릅니다. 이 사람에게는 통제되어야 하는 것이지만, 저 사람에게는 아닐 수도 있습니다. 신앙의 행위에 있어서, 이 사람에게는 용납될 수 있지만, 저 사람에게는 절대로 금해져야 하는 것일 수도 있습니다.

절제는 자기의 고유한 특성을 따라 진행됩니다. 예를 들면, 성령의 열매 중에 온유가 무엇인지 모르거나 내가 싫어서 멀리하는 것이 아니고, 온유하고 싶은 마음이 나에게 간절하게 있지만, 나의 기질과 다른 성향들이 온유보다 앞서게 될 수 있습니다.

저의 경우, 진리의 말씀 지키기를 갈망하는 마음이 앞서는 것으로 인해 말씀에 순종하지 못하는 이웃을 볼 때면 불순종하는 사람이라는 평가가 먼저 나올 때가 많습니다. 의에 대한 염려가 지나쳐서 그 사람의 연약을 이해하고 용납하는 온유가 억제되기 때문입니다. 그래서 온유한 마음이 앞서지 않는 이런 경우에는 의를 전하고자 하는 나의 선한 의도가 전달되기

어렵습니다. 온유함의 부족으로 인해 의를 가르치는 양선의 기능이 약화될 수 있습니다.

그러므로 내게 있는 고유한 기질과 특성으로 인해 내게서 소홀해지는 것은 무엇이며, 지나치게 만용 되는 성향은 무엇인지를 깨달아야 합니다. 내게서 더 배양되어야 하는 성품과 열매가 무엇인지를 알고, 균형을 이루도록 하는 것이 절제입니다. 그래서 성령의 열매 맨 마지막 단계에 절제가 기록된 것이 아닌가 생각해봅니다.

성경이 가르치는 절제는 또한 일사불란하게 통제시키는 것이 아닙니다. 내가 하고 싶은 것을 단순히 하지 않는 것이 성경의 절제가 아닙니다. 성취 목표를 위해 획일적인 기준을 세워서 할 것과 하지 말 것을 통제하는 것도 아닙니다. 그러한 절제는 어떤 개인이나 집단을 통제하기 위한 수단으로 요구되는 절제입니다.

사도 바울은 결혼하지 않고 독신으로 산 사람입니다. 그런데 다른 사람들에게는 결혼을 하라고 합니다. 절제의 이해에 대한 좋은 예입니다.

"만일 절제할 수 없거든 결혼하라 정욕이 불 같이 타는 것보다 결혼하는 것이 나으니라"(고전 7:9).

사도 바울은 복음을 위해서, 주를 위해서, 자신이 받은 믿음의 분량대로, 그가 하나님 앞에서 받은 은사대로, 기질대로 혼자 사는 것이 절제(셀프컨트롤)를 하는 것이기 때문에 결혼하지 않았습니다. 그래서 바울은 주님과 결혼하여 아름다운 인생을 삽니다. 그러나 최은희에게는 남편과 함께 가정을 이루면서 유기적으로 확산된 가족관계를 지니고 사는 것이 하나님이 원하시는 것이기 때문에 결혼을 하였습니다.

절제는 또한 육체의 소욕을 이기는 것입니다.

"운동장에서 달음질하는 자들이 다 달릴지라도 오직 상을 받는 사람은 한 사람인 줄을 너희가 알지 못하느냐. 너희도 상을 받도록 이와 같이 달음질하라. 이기기를 다투는 자마다 모든 일에 절제하나니 그들은 썩을 승리자의 관을 얻고자 하되 우리는 썩지 아니할 것을 얻고자 하노라. 그러므로 나는 달음질하기를 향방 없는 것같이 아니하고 싸우기를 허공을 치는 것같이 아니하며 내가 내 몸을 쳐 복종하게 함은 내가 남에게 전파한 후에 자신이 도리어 버림을 당할까 두려워함이로다"(고전 9:24-27).

운동장에서 달리기를 합니다. "준비, 땅!" 하여서 결승선까지 달려갑니다. 달리는 자의 목적은 결승선에 일등으로 들어가는 것입니다. 꼴찌하기 위해서 뛰는 사람은 없습니다. 그런데 성경은 이기기를 다투는 이 달리기에서 절제가 요구된다고 가르칩니다.

"향방 없는 것같이 아니하고." 달음질하는 데 있어서 단순히 일등을 하는 것만이 목적은 아닙니다. 성도가 달려가며 살아가는 인생은 방향 없이 허공을 치는 싸움이 아니라, 목적이 분명히 있습니다. 그래서 그 달려가는 모습이나 방법이나 달려갈 때 입는 옷 등 모든 것이 자기 믿음의 분량대로, 자기 고유한 특성과 은사대로 절제(셀프컨트롤)되어야 합니다.

그러기 위해서 "내 몸을 쳐 복종하게 하는 것" 즉 "내가 셀프컨트롤 하는 것"이라는 말로 절제를 가르칩니다. 내가 달린다고 하면서, 곧 내가 열심히 신앙생활을 한다고 하면서, 내가 내 몸을 쳐 복종하지 않으면, 곧 절제하지 않으면, 실컷 달려서 골인은 한 것 같은데, 곧 남에게 복음을 전하고 주의 일을 다 했는데, 나는 버림을 받을 수 있다는 것입니다. 이 말은 실제로 하나님이 나를 버리신다는 것이 아니라, 그 일에 수고했는데도 불구하고 나는 결국 하나님이 기뻐하시지 않는 헛수고를 한 결과가 될 수 있다는 것입니다.

"달리기"를 하는 사람이라면, 열심히 달려서 일등 하는 것에 집중하고 온갖 방법과 수단을 동원해서 빨리 달려가 누구보다도 먼저 결승선에 도착하려고 합니다. 그러나 이것은 세상의 방법, 그리스도 밖의 방법이라고 성경은 가르칩니다. 하나님을 믿는 자들, 주를 위해서 달려가는 자들, 성령 충만한 자들은 절제의 방법을 따라 달려야 합니다.

"하나님을 믿는 너희들이 왜 세상 사람들이 하는 대로 오로지 빨리 달려가서 일등 하려는 방법만을 따라가느냐? 이기고 싶으냐? 그러면 절제하라! 네 믿음의 분량대로, 네 기질대로, 네 특성대로 셀프컨트롤 하며 달려라!" 성경은 달음질의 예를 들어 우리에게 절제를 설명합니다.

달리기를 하는 사람들이 절제해야 할 내용들은 각자에게 모두 다릅니다. 성령의 아홉 가지 열매 중 맨 마지막에 나오는 절제를 통해서, 우리는 이 모든 열매가 유기적으로 잘 열매 맺도록 해야 합니다. 아홉 가지의 모든 열매가 과락이 없이 나에게 늘 안정적으로 적용되어야 합니다.

처음에는 성령의 열매들이 사랑 1점, 희락 1점, 화평 1점 이렇게 시작해도 괜찮습니다. 충성되게 변함없이 말씀과 기도로 경건을 애쓰다 보면 2점이 되고, 3점이 되면서 성령이 충만한 자가 됩니다. 성령의 열매들이 절제의 안내를 받으며 골고루 맺히게 됩니다.

성령 충만은 한꺼번에 가득 채워지는 것이 아닙니다. 부어서 차고, 또 부어서 좀 더 차고, 또 부어서 좀 더 차고, 이렇게 성령 충만이 이루어집니다. 이미 내 안에 계시는 성령의 도우

심으로 시간이 지남에 따라 자꾸 채워지고 채워져서 성령 충

만하게 됩니다.

맺으며

하나님 감사합니다. 우리를 정말로 사랑하신다는 증거가 무엇보다도 하나님 말씀 앞에 앉을 때 확증되어지니 참으로 감사합니다. 우리가 하나님을 바로 알고 그 하나님 앞에 겸손한 자가 되길 원합니다. 주의 말씀으로 우리 자신을 실험하고 또 시험하여서 확증하는 성령 충만의 복을 우리 모두가 받도록 도와주시옵소서. 그래서 먼저는 하나님을 기쁘시게 하여드리고, 그 충만함으로 인하여 우리에게 기쁨과 희락이 넘치게 하시며 성령 충만한 삶을 통하여 세상에 나아가 복음의 증거가 되는 삶이 되게 하소서. 예수님 이름으로 기도드립니다. 아멘.

영적 잠에서 깨어 성령 충만하라

MEMO

영적 잠에서 깨어 성령 충만하라

MEMO

슬리핑 크리스천: 영적 잠에서 깨어 성령 충만하라

초판 1쇄 발행 | 2016년 4월 5일

지은이 | 최은희
펴낸이 | 김영욱
발행처 | TnD북스

출판신고 제315-2013-000032호(2013. 5. 14)
서울특별시 강서구 수명로 2길 105, 518-503
대표번호 (02)2667-8290
홈페이지 www.tndbooks.com
이메일 tndbooks@naver.com

ISBN 979-11-950475-4-3 03230
ⓒ 최은희

• 이 도서의 국립중앙도서관 출판시도서목록(CIP)은
  서지정보유통지원시스템 홈페이지(http://seoji.nl.go.kr)와 국가자료공동목록시스템
  (http://www.nl.go.kr/kolisnet)에서 이용하실 수 있습니다(CIP제어번호: CIP2016007028).